ROUSSEAU: DA TEORIA À PRÁTICA

ROUSSEAU

DA TEORIA À PRÁTICA

Luiz Roberto Salinas Fortes

2ª edição
2023

70

ROUSSEAU
DA TEORIA À PRÁTICA

AUTOR: Luiz Roberto Salinas Fortes

DIRETOR DA ALMEDINA BRASIL: Rodrigo Mentz
EDITOR: Marco Pace
EDITOR DE DESENVOLVIMENTO: Rafael Lima
ASSISTENTES EDITORIAIS: Larissa Nogueira e Letícia Gabriella Batista
ESTAGIÁRIA DE PRODUÇÃO: Laura Roberti

COORDENAÇÃO EDITORIAL: Milton Meira do Nascimento
REVISÃO: Sônia Maria dos Reis e Thomaz Kawauche
PROJETO GRÁFICO ORIGINAL: Marcelo Girard e IMG3
FINALIZAÇÃO: Roberta Bassanetto

ISBN: 9786554270793
Maio, 2023

Dados Internacionais de Catalogação na Publicação (CIP)
(Câmara Brasileira do Livro, SP, Brasil)

Fortes, Luiz Roberto Salinas
Rousseau: da teoria à prática / Luiz Roberto Salinas Fortes. -- 2. ed. -- São Paulo: Edições 70, 2023.

ISBN 978-65-5427-079-3

1. Ciência política - França - História
2. Rousseau, Jean-Jacques, 1712-1778 I. Título.

23-148916 CDD-320.11

Índices para catálogo sistemático:

1. Rousseau : Teoria política 320.11

Eliane de Freitas Leite - Bibliotecária - CRB 8/8415

Este livro segue as regras do novo Acordo Ortográfico da Língua Portuguesa (1990).

EDITORA: Almedina Brasil
Rua José Maria Lisboa, 860, Conj.131 e 132, Jardim Paulista
01423-001 São Paulo | Brasil
www.almedina.com.br

O texto que agora vem a público – com pequenas alterações – foi apresentado como tese de doutoramento em abril de 1974 junto ao Departamento de Filosofia da Faculdade de Filosofia, Letras e Ciências Humanas da Universidade de São Paulo. Da banca examinadora participaram os professores Maria Sylvia de Carvalho Franco, Alfredo Bosi, Michel Launay, Marilena Chaui e Celso Lafer. A todos, os meus mais sinceros agradecimentos.

Meu reconhecimento aos colegas do Departamento de Filosofia da USP e, de modo especial, às professoras Maria Sylvia e Marilena, cujo estímulo foi decisivo para conclusão deste trabalho, assim como aos professores Victor Goldschmidt e Bento Prado Jr., primeiros orientadores das minhas pesquisas.

Agradeço também à FAPESP (Fundação de Amparo à Pesquisa do Estado de São Paulo), instituição da qual fui bolsista durante o período de um ano.

Dedico este livro ao André.

Nota do revisor técnico

As referências foram padronizadas para as *Œuvres Complètes de J.-J. Rousseau* (Bibliothèque de la Pléiade), indicando-se *O. C.*, seguido do tomo e da identificação com página do trecho citado. A primeira edição é da Editora Ática e foi publicada em 1976 na Coleção Ensaios.

SUMÁRIO

PREFÁCIO

Marilena de Souza Chaui

Do tácito ao expresso: o lugar do escritor político

> "O escrever sobre Política se situa também em um espaço intermediário entre um *fazer* e um *calar-se*. Ou ainda: um espaço que é limitado por duas figuras distintas do falar. Ou nos calamos porque fazemos – a palavra é, então, supérflua – ou nos calamos porque já não podemos fazer mais nada – a palavra é, então, inútil. Entre o território da ação eficaz e o da impossibilidade da ação, estende-se o domínio da *escrita*. Entre a figura do Príncipe ou do Legislador bem sucedido – Moisés, Licurgo – e a figura do político impotente, constitui-se o espaço do escritor político."
>
> *(L. R. Salinas Fortes, Rousseau: da teoria à prática)*

O leitor deste livro será impelido a uma aventura que o deixará sempre em suspenso, pois o autor não recua nem concede diante dos riscos da empresa que assumiu: polemizar com a forma canônica da leitura da obra de Rousseau como obra incoerente e, por isso mesmo, inconsequente. A cada passo, uma dificuldade insuspeitada posta em evidência encontra uma solução que, logo a seguir, transfigura-se em dificuldade nova e maior que é preciso compreender e resolver. Travando um verdadeiro combate com Rousseau e com seus mais ilustres comentadores, Salinas vai apontando o lugar de origem das questões que palmilham seu percurso: o pensamento da política.

Atacando de frente a suposta incoerência de Rousseau – incoerência entre os escritos e a vida do filósofo, incoerência entre os próprios escritos – Salinas começa examinando e descartando as várias soluções que os intérpretes encontraram para tal dificuldade. Uma primeira solução consiste em desenhar a figura de um Rousseau-Proteu, nascida do dilaceramento do indivíduo vítima da civilização, levando-o aos recursos ambíguos da dissimulação e até mesmo à pura contradição consigo mesmo. E disto resultaria a impossibilidade para totalizar de maneira homogênea a obra do filósofo. Uma outra solução oferecida surge na figura de um Rousseau-Mutilado. Agora procura-se recuperar a coerência da vida com a obra e desta consigo mesma, graças a um recorte seletivo de textos *compatíveis* entre si e que se agrupam por exclusão daqueles tidos como incompatíveis. A coerência é obtida graças a uma paciente separação do joio e do trigo. Enfim, (como não poderia deixar de ocorrer) a questão da incoerência é resolvida pela partilha equitativa daquilo que pertence ao Jovem Rousseau e daquilo que está sob a responsabilidade do Velho Rousseau. A cisão é operada pelo reconhecimento de que há no filósofo uma passagem da paixão radicalizadora à prudência reformista. Recusando as várias soluções apresentadas, Salinas afirma que não se trata de investigar o drama individual do homem dilacerado pela civilização, nem de selecionar partes compatíveis de sua obra, nem, muito menos, de pensar numa espécie de evolução do ardor revolucionário ao conformismo reformista.

Salinas opera, então, um deslocamento da questão para apreender a gênese da suposta incoerência de Rousseau. Partindo da distinção feita pelo filósofo entre o *ser* e o *parecer*, que marca o advento da cultura, Salinas indica como essa dissociação é reportada a uma cisão mais originária, de que a primeira seria um efeito. Trata-se da cisão entre *agir* e *falar*. E se esta é a cisão fundamental, qual seria o lugar privilegiado de sua manifestação? O discurso político.

> "Não é, pois, o discurso político o lugar mais estratégico – ou, pelo menos, o mais didático – a partir do qual será possível começar a entender os

> *paradoxos* deste '*homme à paradoxes*' e compreender a concepção da escrita que lhe é própria, assim como o *uso* multiforme que ele faz dela?"

Mas esta direção esconde novas dificuldades, pois a incoerência parece ressurgir quando se comparam textos como *Contrato Social* e as *Considerações sobre o Governo da Polônia* ou as *Cartas da Montanha*, pois agora a teoria (*Contrato Social*) parece ser negada pelos discursos conjunturais. E o sentimento da dissimulação torna-se inevitável no leitor. A passagem do geral ao particular, da teoria à história, parece não cumprir-se e descamba para a contradição.

Resolver essa dificuldade – a passagem da teoria à prática – é a tarefa a que se entrega Salinas. E para levá-la a cabo o Capítulo I deverá encarregar-se da compreensão do estatuto do discurso teórico, compreensão que conduz o autor a uma análise minuciosa do *Ensaio sobre a Origem das Línguas*, onde a questão da linguagem como fratura sucessiva do gesto e da fala, da fala e da escrita, da escrita persuasiva e da escrita convencedora reencontra a fratura, posta na Introdução, entre falar e agir. Dessa maneira, a teoria da linguagem recupera seu solo originário, que é um solo político. Com efeito, o que significa buscar a *ajuda do discurso*? O próprio Rousseau levanta o paradoxo: como o crítico das ciências e das artes poderá ser um escritor? Como o crítico do livro pode cumprir sua tarefa crítica, escrevendo livros também? A crítica radical dos malefícios da cultura (e, portanto, da escrita), para ser coerente, não deveria ser a escolha do silêncio?

Um dos maiores interesses do Capítulo I está na crítica que Salinas endereça a Derrida, preocupado em desentranhar as raízes metafísicas da crítica de Rousseau à escrita como *suplemento perigoso* da fala e da visão, muito mais próximas do Ser, proximidade que a escrita abole instaurando uma distância irreparável entre o homem e a natureza. A primeira crítica endereçada a Derrida consiste em mostrar que o intérprete não retira do próprio *Ensaio* os princípios que permitiriam a leitura dos demais textos de Rousseau, de sorte que, afinal, a teoria da linguagem assim encontrada aparece inevitavelmente como simples *suplemento* da relação imediata com a natureza e com a verdade. Salinas fará um percurso exatamente oposto a este, na medida que procura na teoria rousseauniana da linguagem os princípios para ler Rousseau. A segunda crítica aponta para uma certa cegueira do comentador francês que em instante algum procura ver se a distância estabelecida entre aquilo que Rousseau declara, de um lado, e aquilo que descreve, de outro, não é uma distância exigida pela própria lógica interna do discurso rousseauniano. O que Salinas demonstra ser efetivamente o caso. Enfim, uma terceira crítica revela que as premissas usadas por Derrida para ler o *Ensaio* já estão dadas pelo próprio *Ensaio*, de sorte que o intérprete estaria sendo vítima do poder do discurso que tenta criticar.

Essas três observações preparam a verdadeira crítica. Assim como anteriormente não se tratava *de salvar* Rousseau indo da paixão à prudência, agora não se trata de *condená-lo* por uma ambiguidade na crítica da metafísica a que ainda estaria preso. A cisão entre falar e agir revela que o lugar da discussão é outro. Qual seja: o de uma leitura política do *Ensaio* que poderá esclarecê-lo e esclarecer sua articulação necessária com as demais obras de Rousseau. Será esta a via percorrida por Salinas. Trata-se, pois, de desvendar a relação entre o Logos e o Poder.

> "A história posterior a esta fratura, (visão-fala, gesto-fala, fala-escrita), a *nossa história* – de que o *Discurso* descreve a gênese – será uma história de novas fraturas provocadas pelos ecos-retardados da primeira explosão e que se somam à primeira fenda, acabando, pouco a pouco, por consumar, com o *culto do livro*, o desligamento definitivo dos dois universos (natureza

> e cultura; sensível e *inteligível*). Mais do que isto. Conduzindo a uma total inversão da situação inicial, pois *o livro acaba por se substituir ao real*, acaba por ser mais real do que o real. Reconstitui-se assim, de *forma tirânica* e em favor do inteligível a unicidade do olhar e a unidade do campo visual". (Grifos nossos.)

Persuasão e convicção são formas do discurso político. Convencer é dominar o espírito, a vontade, o sentimento do outro – é tiranizá-lo. E o livro é uma *forma tirânica*. É, pois, num contexto eminentemente político que a questão da escrita deve ser examinada. É o contexto da prática humana no estágio em que a *Razão* capta as mensagens da natureza (antes captadas pela sensibilidade) que deve iluminar a questão da passagem pela escrita e o significado do discurso teórico.

Mas a dificuldade não se faz esperar. Se a razão, a teoria e a escrita se definem pelas necessidades presentes da atividade humana, representam contudo uma *queda* frente ao estado originário do homem no coração da natureza. Se o livro é tirânico e se tirânica é a cultura que o faz nascer, como pode Rousseau usar como instrumento de crítico o objeto da própria crítica? Nova incoerência? Não. A resposta a essa questão emerge quando se circunscreve o campo em que a escrita e a teoria se oferecem, pelo menos, como remédio para uma humanidade envelhecida e decaída. O discurso é remédio quando é discurso político.

> "O escrever sobre Política – diz Salinas – se situa também em um espaço intermediário entre um *fazer* e um *calar-se*. Ou ainda: um espaço que é limitado por duas figuras distintas do falar. Ou nos calamos porque fazemos – a palavra é, então, supérflua – ou nos calamos porque já não podemos fazer mais nada — a palavra é, então, inútil. Entre o território da ação eficaz e o da impossibilidade da ação, estende-se o domínio da *escrita*. Entre

a figura do Príncipe ou do Legislador bem sucedido – Moisés, Licurgo – e a figura do político impotente, constitui-se o espaço do escritor político. Se Rousseau, antes de *entrar na matéria*, julga importante justificar-se, ele o faz não apenas com o propósito de tranquilizar os leitores eventuais, mas antes com a intenção de circunscrever rigorosamente o espaço de seu discurso. Esta preocupação pedagógica não é acidental; é uma expressão, no plano da política, da postura constante de Rousseau diante da ciência em geral ou da *filosofia*".

Entre o silêncio da ação bem sucedida e o mutismo da impotência social e política, instala-se um discurso que visa alcançar a primeira e eliminar a segunda: o discurso da *teoria* política, que nasce quando todas as condições objetivas parecem aniquilar seu sentido. O livro político é aquele escrito quando tudo parece exigir silêncio. Mas, porque escrito quando a linguagem, e a escrita em particular, tornou-se inútil ou serva do poder vigente, o livro ganha uma significação nova que só é possível desvendar graças à crítica da cultura que o fez nascer. Assim, no lugar da suposta incoerência de Rousseau, vem colocar-se um discurso que é reflexão sobre sua própria origem e sobre sua destinação social e histórica.

Circunscrito entre dois silêncios, o ato de escrever aponta em seu próprio interior para a questão que o suscita: a passagem da teoria à prática, uma vez cumprida a passagem do tácito ao expresso.

"O ponto de vista *teórico*, constitutivo do discurso da *ciência do homem*, apresenta-se, então, apenas como um momento necessário no interior de um saber e de um discurso eminentemente *práticos*. Momento *necessário* porque assim o exige nossa condição presente, essencialmente *discursiva*. Mas momento *subordinado*, na medida que esta *ciência* só se justifica no horizonte de uma *prática*. [...] Assim como o princípio de utilidade serve de critério para o estabelecimento do programa de ensino de Emílio, *a*

> *utilidade para a prática* aparece como princípio de delimitação do campo do saber: além do território compreendido pelos conhecimentos *úteis* para a *prática*, situa-se o perigoso domínio em que se dão os delírios da razão *raciocinante*".

Salinas examina a constituição do discurso teórico e de sua paisagem à prática em três registros diferentes.

O primeiro exame dessa constituição e dessa passagem é feito à luz da diferença na eficácia persuasiva dos discursos. O discurso teórico procura impor-se à razão do interlocutor; seu valor: a *exatidão*; sua tarefa: a explicitação de relações que constituem o objeto de que fala; seu pressuposto: a existência de uma ordem racional objetiva onde os interlocutores se defrontam; seu princípio de organização: o princípio do melhor. O discurso teórico imediatamente voltado para uma prática determinada, porém, visa um outro tipo de persuasão cujo pressuposto não é a racionalidade do real e do interlocutor, mas a *conveniência* ou adequação da proposta ao interlocutor que a solicita. Salinas, examinando a diferença entre o *Contrato Social* e textos como *Considerações sobre o Governo da Polônia* e *Cartas da Montanha*, localiza a distinção dos discursos numa diferença de *auditórios*. É a partir do ouvinte, portanto, que os discursos políticos de Rousseau reencontrarão sua coerência. A teoria política desenvolvida no *Contrato* dirige-se ao *Ouvinte Transcendental*. É uma política desenvolvida no plano da universalidade e das condições de possibilidade da criação do corpo político enquanto tal. Seu interlocutor: o Legislador. A teoria política responde à questão da origem do corpo político (origem não-empírica, evidentemente) respondendo à questão: o que é o direito de legislar? Por sua vez, os textos conjunturais inserem-se no contexto de um corpo político já existente e cujas necessidades são imediatamente práticas e estão inscritas nos avatares do mundo empírico. Seu destinatário: o

Ouvinte Empírico, governantes e governados concretos, membros de um Estado particular cujas peculiaridades históricas, geográficas e morais devem ser consideradas pelo escritor. Agora o discurso responde à questão: como e quando é possível legislar? A passagem da teoria à prática se oferece, assim, no interior de uma diferença de auditórios graças à qual a teoria passa à ação eficaz e oportuna, o transcendental vem investir-se na região do empírico e o universal penetra no particular pela passagem de um tempo abstrato (o do *Contrato*) ao Kairós das políticas presentes. Não há, pois, incoerência no escritor político Rousseau, mas, ao contrário, há nele uma extrema atenção à utilidade, ao interesse e à eficácia da ação de seu ouvinte particular, levando-o a retomar de maneira sempre diferenciada os universais postos no plano da pureza abstrata exigida pela teoria, enquanto política transcendental. A cada passo, Rousseau está atento para o público que solicita seu discurso, e este só encontra efetividade se souber acolher a particularidade de quem o ouve, acolhida que exige uma espécie de *bom uso* ou de uso oportuno daquilo que fora endereçado ao Ouvinte Transcendental.

Talvez o que leve a pensar numa incoerência de Rousseau, quando não se leva em conta sua atenção pelos auditórios, seja o fato dos intérpretes não perceberem que o filósofo rompe de maneira oblíqua com o ideal clássico da política. O ideal clássico parte do pressuposto de que há uma *boa-sociedade* em si e que as sociedades existentes realizam bem ou mal esse modelo ideal, tendendo geralmente a corrompê-lo. Ora, os temas da boa-sociedade e da corrupção também se encontram em Rousseau, mas deslocados do contexto clássico. A boa-sociedade, a sociedade *jovem*, é a sociedade onde o Legislador não é apenas um ideal transcendental, mas uma figura concreta instauradora do corpo político legítimo. A má-sociedade, a sociedade *velha* e corrompida, não é aquela que desvirtuou o modelo ideal da boa-sociedade, mas a que não consegue encontrar alguém que encarne a figura do Legislador. Não há uma *cronologia* da corrupção, mas uma espécie de bondade essencial ou de maldade essencial das formas políticas que são ou originariamente boas ou originariamente más. Estas últimas precisam de remédio. E o remédio só é eficaz se souber exatamente qual a moléstia que deve curar. Essa moléstia, só a atenção dada ao Ouvinte Empírico pode dizer ao escritor político como remediá-la.

O segundo momento do exame da passagem da teoria à prática é feito graças a um deslocamento operado por Salinas no critério tradicionalmente usado pelos comentadores de Rousseau. Estes supõem, de modo geral, que o corpo político nasce do pacto e que a política é pensada pelo filósofo em termos jurídicos. Salinas desloca a questão indagando: qual o terreno da possibilidade do político, não a partir do pacto, mas a partir da *consciência coletiva.* O fundamento da política não é jurídico (o pacto), nem empírico (a concórdia de todas as vontades), mas a consciência coletiva que se exprime como *Vontade Geral.* Esse deslocamento fará com que a passagem da teoria à prática se revele mais dificultosa do que antes, mas permite, por outro lado, desfazer uma vez mais a suposta incoerência de Rousseau. Com efeito, costuma-se apontar como incoerência o fato de que, sendo o pacto, o fundamento do corpo político, como pode o filósofo falar em *morte do corpo político* ali onde o pacto ainda persiste? Salinas nos mostra que, justamente por não ser o pacto o fundamento do político, e sim a Vontade Geral, o corpo político estará morto sempre que a Vontade Geral tenha morrido, a despeito de uma certa inércia do pacto em sua permanência empírica. Salinas indica, pois, o verdadeiro lugar da política: o campo simbólico da Lei corporificada na Vontade Geral e cujo efeito é um pacto entre os homens. A política não é o campo da violência pura e das forças nuas – quando estas se manifestam a política já morreu. A política também não é o terreno onde a vontade de todos se reconcilia numa paz perpétua que anula e mistifica os movimentos antagônicos do corpo social. A política se instaura com a instauração da região da Lei, poder que é poder da Vontade Geral, emblema do social e de suas articulações internas e necessárias. Dessa maneira, Salinas pode afastar uma nova incoerência imputada a Rousseau. Se o pacto é o fundamento do corpo político, costuma-se perguntar como, então, Rousseau discute o problema da legitimidade política e por que dá ao Legislador um papel inútil, visto que estaria encarregado de instaurar o que já existe? Ora, como bem mostra Salinas, o pacto não é o fundamento do corpo político, mas seu ponto de chegada enquanto Vontade Geral. O papel do Legislador é o papel do *fundador político*, na medida que sua ação instaura a Vontade Geral como Lei. Como diz o autor, o Legislador constitui-se como *vanguarda política* criadora das condições para o exercício efetivo da política. A passagem da teoria à prática se explicita, então, na análise das ações daquele que deve fundar o político. Na lógica da ação do Sujeito Político, o discurso encontra o princípio de seu próprio saber e dos limites desse saber, limites que lhe são impostos pela prática do agente político.

> "[...] nem a sensibilidade, nem a razão pouco desenvolvida dos membros da associação podem constituir guias para a conservação do corpo político. Abandonados a si mesmos os membros da associação seriam incapazes de levar a bom termo o empreendimento que têm em vista ao se associarem. Para que o bem comum se transforme no polo diretor do seu comportamento é necessário que seja garantido e fixado, já que ninguém pode agir de acordo com o bem comum se não o conhecer e já que nem as *luzes* insuficientes, nem a sensibilidade particular permitem aos membros da associação um acesso espontâneo ao *bem comum*. [...] Se as leis positivas são necessárias não é apenas porque devemos nos prevenir contra

o vício da vontade, mas igualmente contra o erro do entendimento dos particulares. O corpo político deve tomar a forma de uma *ordem jurídica* e a vontade geral deve se explicitar através de leis, porque o homem, neste estágio, está naturalmente inclinado ao erro e ao vício. [...] A *invenção* da máquina artificial do Estado é obra do Legislador. [...] Por que, entretanto, o recurso a este personagem providencial? O próprio aparecimento em cena desta figura paternalista não contraria a soberania do povo afirmada anteriormente? [...] O direito de elaboração das leis pertence ao povo. Nós já nos despedimos, entretanto, do plano do direito. De fato, o povo não dispõe do poder efetivo para se desincumbir desta tarefa, dadas as suas limitações. Não há contradição, mas mudança de plano: o povo *real* não é o mesmo que o povo *ideal* que participa do pacto primitivo. Entre um e outro, entre o *povo* e a *multidão cega*, existe um abismo a ser franqueado pela intervenção de um indivíduo excepcional".

O Legislador, razão encarnada, situa-se fora da sociedade enquanto esta se configura como multidão cega. E o veículo através do qual a razão pode penetrar na história humana. É o ocupante do lugar que pertence ao povo que ele próprio deve criar. Assim, o Legislador não se confunde com as figuras empíricas dos poderosos e dos oprimidos, mesclados nos conflitos da multidão cega. Seu lugar é simbólico: é o lugar do Poder, poder que é do povo enquanto corpo político, isto é, vinculado pelo bem comum a que a multidão cega deverá curvar-se pela obediência à Lei. O Legislador não é o *legista*. É o Sujeito Político por excelência: fundador e conservador do corpo político.

A partir dessas duas primeiras colocações, encontramos o terceiro registro do exame da passagem da teoria à prática. Salinas se detém, inicialmente, na distinção entre dois grandes momentos da constituição do discurso teórico: o primeiro momento é o da análise da constituição do *social*, e a questão do *político* só aparece no momento seguinte com a figura do Legislador, destinado a constituir o corpo político pela instalação da Vontade Geral. A distinção desses dois momentos fará com que entre em cena algo que vinha implicitamente sustentando o percurso de Salinas, e que agora se explicita: a *História*. Não é o social (enquanto pacto), mas o político (enquanto consciência coletiva expressa na Vontade Geral) que põe em movimento a História. Agora a problemática se concentra no modo de articulação entre o *Contrato Social* e o *Discurso sobre a Origem e os Fundamentos da Desigualdade entre os Homens*, isto é, entre uma teoria da boa-forma política e a genealogia do mal, ou, se quisermos, entre a boa-sociedade e a teodiceia às avessas.

Para que o *Contrato* não seja lido como elaboração abstrata de Leis, Salinas considera indispensável lê-lo tendo sempre presente o segundo *Discurso*. E para que não se veja incoerência entre o texto lógico (a política transcendental) e o texto genealógico (a história da perversão da natureza humana), é preciso pôr à luz a articulação entre política e história, isto é, entre política e economia (o advento da propriedade privada, a acumulação das riquezas, as desigualdades que se exprimem como dominação do fraco pelo forte, do pobre pelo rico, o vício do amor-próprio e a velhice social, a política rumando para o despotismo). "A história dos progressos da desigualdade [...] é a história da contínua desagregação dos *corpos políticos* defeituosos constituídos pelo vício humano. [...] Ao lado desta, há uma outra história possível, que para efetivar-se tem necessidade da colaboração do Legislador. Esta ação leva, pois, a adotar o caminho oposto ao que nos traça o segundo *Discurso*".

Há pouco, comentávamos a maneira rousseauniana de se desfazer da política clássica da boa-sociedade e da história de sua queda. Agora essa afirmação torna-se mais clara. Se a história narrada pelo segundo *Discurso* é a história da queda e da desnaturação perversa é porque nela o corpo político nasce viciado, nasce do *discurso do rico*, da proposta de uma união de forças contra um suposto inimigo a quem se deve combater para que haja justiça. Ora, se o fraco e o pobre são suscetíveis de serem persuadidos por tal discurso, é porque estão corrompidos tanto quanto os fortes e os ricos. A genealogia é genealogia do mal porque o mal está no princípio constituinte dessa história perversa. Ora, se há, como diz Salinas, uma *outra história possível*, essa nova história é história política. Embora já esteja mergulhada na desnaturação do homem, a política é uma *boa desnaturação* na medida que, como proporá o *Contrato*, a ação do agente político visa encontrar um princípio político oposto ao que se manifesta no segundo *Discurso*. Ou melhor, visa encontrar o lugar do político propriamente dito. Assim, em vez de uma contradição entre o *Contrato* e o segundo *Discurso*, encontramos uma transformação radical da problemática, na medida que seus registros não são idênticos. Na genealogia do mal, *homens* corrompidos querem ter o poder e exercê-lo pela violência. Na história política, não há homens – há o Povo e a Lei, o lugar do Poder e a ação do Legislador.

Como articular as duas obras, agora que surgem como discursos invertidos, mas escritos em dimensões diferentes? Pela mediação do Legislador que atua sobre a Vontade Geral e pela intensificação das relações sociais e econômicas, circunscreve-se o *campo prático* da política e da história, circunscrição que encontra sua teoria no *Contrato Social*. O campo prático da política revela-se como campo de forças em luta e cujo maior risco é degenerar em violência e despotismo, isto é, em dominação total de um (ou de alguns) sobre todos. Se nessa luta a vitória couber à Vontade Geral, a prática política torna-se possível e uma *outra história* pode encontrar o caminho de sua efetividade. Se, ao contrário, a vitória couber à vontade individual, a política será impossível, o despotismo, inevitável, e o segundo *Discurso*, a única verdade sobre os homens.

Essa articulação dos dois grandes discursos de Rousseau permitirá a Salinas desvendar o subsolo da teoria política rousseauniana. Esta não é apenas uma tipologia das formas de governo, como sempre se imagina, mas antes uma tipologia das formas de ação política. A teoria passará à prática desde que se perceba seu verdadeiro objeto: a lógica da ação do Sujeito Político.

> "Ao termo inicial, quando a instituição de um *corpo político* quase perfeito é ainda possível, corresponde a ação do Legislador propriamente dito, de Licurgo, Moisés, Numa. Ao termo final, quando já nada mais é possível fazer, corresponde a ação do Pedagogo. A ação se despolitiza, já não visa mais a cidade, mas um indivíduo isolado. Entre esses dois extremos, dois outros tipos poderiam ser distinguidos. De um lado, temos a figura do Legislador conselheiro, assessor técnico dos governantes. Seria o caso do próprio Rousseau, diante da Polônia ou da Córsega. De outro, o publicista ou o escritor político. Já não é mais aos governantes que ele se dirige, mas ao povo em geral ou ao público das grandes sociedades corrompidas".

Trata-se, então, de saber como e por que essas figuras políticas passam à existência, pois cada uma dessas ações corresponderá a uma forma de organização, isto é, um sistema de leis diferentes. Assim, a tipologia das ações políticas e a tipologia das formas de governo desenham uma articulação inteiramente nova entre o *Contrato* e o segundo *Discurso*. No caso do Legislador, a questão gira em torno da possibilidade de realizar a ordem política onde a Vontade Geral seja soberana, a partir do estabelecimento de quatro variáveis fundamentais: duas variáveis temporais – a idade de um povo e o instante em que está apto a ser legislado – e duas variáveis espaciais – as dimensões da cidade e as relações com o exterior. Isto posto, é preciso, indagar, examinando a vida concreta dos povos, como essas variáveis se oferecem historicamente, para que sejam apanhadas no tempo oportuno. Nesse ponto, o *Contrato* deve ser iluminado pelo segundo *Discurso*, pois tudo dependerá da relação estabelecida, em cada momento, entre as leis e os vícios dos homens. A legislação exige que os vícios tenham uma *força* mínima, estejam quase em seu grau zero. A pedagogia se instala, justamente, quando alcançaram o grau máximo de intensidade, o que corresponde, no segundo *Discurso* ao triunfo do despotismo e ao grau último das desigualdades – o corpo político, velho, está às portas da morte. A diferença política entre a velhice e a juventude é uma diferença *moral*: o povo jovem é o povo do amor de si e da benevolência, atento à voz da consciência, isto é, à presença de si ao outro; o povo velho é aquele que se tornou surdo à voz da consciência, pois nele o amor de si converteu-se em amor-próprio. O conflito entre a *força* das leis e a *força* dos vícios decide sobre a juventude e sobre a velhice do corpo político, mas a origem desse conflito deve ser buscada na região em que a moral e a política são possíveis ou impossíveis, isto é, no interior das relações sociais. E novamente, aqui, o segundo *Discurso* oferece a via para a compreensão desse movimento de perda gradativa da moral e da política. Ora, o que é fundamental na interpretação de Salinas é a localização do momento em que a política é possível. Entre a instalação da propriedade, mas antes que a riqueza tenha se tornado valor dominante para todo o povo, nasce o campo político. Que significa esse nascimento? Qual a verdade que carrega? Antes da propriedade, a política é supérflua; depois da riqueza, a política é impossível. Isto significa que o campo político só pode emergir quando o social se oferece dilacerado por uma divisão interna que pode converter-se numa luta sem tréguas pela dominação. E a divisão do social engendrada pela propriedade, que exige o advento das leis e do governo, pois a ordem social só poderá prevalecer se o movimento despótico do amor-próprio for contido e contrariado. A política nasce, pois, de uma desigualdade produtora do social, mas só é política se caminhar a contrapelo com relação ao movimento imanente à desigualdade que conduziria ao fim da política. Em suma: entre o isolamento anterior à propriedade e a dominação coletiva, entre o individualismo inicial e o despotismo final, uma *outra história é possível*, se a política for possível, isto é, se o *estado de guerra* da sociedade nascente puder ser canalizado para a instauração da Vontade Geral. E, em cada caso particular, o campo político assim posto genericamente deverá encontrar uma forma particular e uma prática particular. Mas, em todos os casos possíveis, a ação política eficaz se define pela capacidade de avaliar o grau máximo da força das leis e o grau mínimo da força dos vícios. Neste ponto, o *Contrato* e o segundo *Discurso* percorrem caminhos exatamente inversos, mas seu sentido é o mesmo do ponto de vista político.

Do ser ao parecer, do falar ao agir, do direito ao fato, do transcendental ao empírico, as dicotomias que deveriam sugerir as incoerências do pensamento de Rousseau, ao contrário, designam o sentido de sua obra filosófica como circunscrição do campo político e do discurso da política. Feito esse percurso, na Conclusão, Salinas retomará a pergunta colocada pela Introdução: há ou não incoerência entre os discursos políticos de Rousseau? Imediatamente a resposta será negativa, garantida pela compreensão dos princípios da política examinados ao longo do livro. Contudo, há uma segunda resposta, também negativa, mas obtida em um contexto novo, e que vem completar o sentido da primeira, pois enraíza-se na problemática que o livro tematiza, qual seja, a passagem da teoria à prática. Salinas interpreta, agora, as *Considerações sobre o Governo da Polônia*. Examinando o texto do Legislador conselheiro, verificando seus pontos de contato e sua distância frente ao *Contrato*, portanto, ao discurso do escritor político, Salinas aponta os paradoxos e incoerências que parecem percorrer a totalidade das *Con-*

siderações, reforçando a interpretação tradicional de um Rousseau charlatão e oportunista. Contudo, subitamente, o leitor é levado a *reler* as *Considerações* para, afinal, compreender que não está diante de simples incoerências, mas de verdadeiras contradições. Porém, e este é o ponto essencial, Salinas faz com que descubramos que tais contradições não estão *no discurso de Rousseau*, mas *na Polônia*, objeto do discurso. É, pois, o objeto político que é contraditório e não o discurso que o revela. Torna-se claro, então, porque desde o início do livro Salinas recusa a noção de incoerência, pois esta não é uma categoria política e não pode lançar a menor luz sobre os escritos de Rousseau, *homme à paradoxes*, isto é, pensador que alcança o universo da política como um universo governado por uma lógica *paradoxal* – uma lógica da contradição. Se é possível pensar a passagem da teoria à prática em Rousseau, é porque sua teoria é capaz de acolher a realidade política naquilo que a torna enigmática e exigente de uma práxis, isto é, em suas contradições. Eis porque nas *Considerações* a questão da forma do governo é quase secundária frente a uma outra questão fundamental: a da ação política formadora ou transformadora do corpo político.

São Paulo, julho de 1975.

INTRODUÇÃO

Dentre todas as *inconsequências* de que Rousseau, desde o século XVIII, é acusado, a mais chocante parece, sem dúvida, aquela que se manifesta na relação que mantêm, uma com a outra, sua vida e sua obra: a primeira aparece como uma negação da segunda e vice-versa. No primeiro *Discurso*, depois de demonstrar a ligação necessária que o cultivo das ciências e das artes mantém com a corrupção dos costumes, ele conclui: "Sem invejar a glória destes homens célebres que se imortalizaram na República das Letras, tentemos colocar entre eles e nós esta distinção gloriosa que se observava outrora entre dois grandes povos: um que sabia *bem dizer* e outro *bem fazer*"[1]. É certo que a composição deste discurso, passaporte com o qual o espartano *cidadão de Genebra* ingressa na corrompida República das Letras, poderia ainda ser desculpada, na medida em que a obra se faz veículo da censura dirigida contra as

1 *O.C.*, t. I, *Discours sur les sciences et les arts*, p. 30.

ciências e as artes, obrigada a se exprimir pelas vias consagradas, na ausência de outras mais apropriadas, aos surdos ouvidos literários. Mas a atitude coerente, depois desta condenação, seria o silêncio. Ora, Rousseau reincide, envolvendo-se em um paradoxo aparentemente insolúvel: volta a escrever e se aprimora na arte de *bem dizer* ao mesmo tempo em que radicaliza a crítica da *civilização* e de seus ornamentos.[2] – Como esperar coerência nos seus escritos diante desta inconsequência radical?

Mesmo no plano da política, onde sua preocupação sistemática parece mais acentuada, é fácil acompanhar os vestígios desta contradição primeira. O mesmo desdém pela coerência comanda, aparentemente, a passagem do discurso teórico em que, como no *Contrato*, Rousseau expõe os princípios da sua doutrina, para os escritos em que se traduzem suas posições políticas diante de situações históricas particulares. Uma grande distância política parece, por exemplo, vigorar entre o *Contrato* e as *Considerações sobre o Governo da Polônia*, texto no qual, chamado a orientar a nobreza polonesa às voltas com o problema da reorganização política do país e do fortalecimento da nação, em face às ameaças do exterior, Rousseau patrocina a causa de um *conservadorismo* aristocrático pouco compatível com o igualitarismo republicano que advogava no plano da teoria. Assim como a *prática* da escrita, por Rousseau, contradiz os paradigmas que ele exalta, a *prática* do político Rousseau não parece conciliável com os seus princípios teóricos. Em vários níveis parece atuante a mesma leviandade retórica do *belo espírito* para quem são frágeis os laços de compromisso entre o *dizer* e o *fazer*. (I)

Como compreender, diante disso, seu proclamado amor pela *veracidade*, cujo fruto principal seriam as *Confissões*? Como explicar

2 MAY, G. *Rousseau par lui-même*. Paris: Seuil, 1961.

sua severidade para com os outros se o zelo pela coerência do seu próprio discurso parece dos mais débeis? Rousseau não ignora a dificuldade e no Prefácio a *Narciso* tenta explicar por que continua escrevendo e publicando suas obras ao mesmo tempo em que conserva, pela escrita a seus cultores, a mesma aversão revelada desde o primeiro *Discurso*. Desta longa autodefesa basta reter, por enquanto, um conselho e uma indicação. O conselho: "Aconselho pois aqueles que são tão ardentes em me reprovar a querer melhor estudar meus princípios e melhor observar minha conduta antes de me tachar, neles ou nela, de contradição e inconsequência"[3]. A indicação:

> "Admiro quanto a maior parte dos homens de letras se ofendeu em toda esta história. Quando eles viram as ciências e as artes atacadas, acreditaram-se pessoalmente visados, quando *sem se contradizer a si mesmos* todos poderiam pensar como eu que, *embora estas coisas tenham feito muito mal à sociedade, é muito essencial servir-se delas hoje como de um remédio ao mal que causaram* [...]"[4].

Se consideramos melhor os princípios, encontramos, com efeito, para além da simples indignação moralista, toda uma teoria da dissimulação de que a crítica da *ideologia*, exposta no primeiro *Discurso*, constitui apenas um aspecto. Ouçamos o que diz Rousseau ao reconstituir, esquematicamente, a *história* de suas ideias:

> "Logo que estive em estado de observar os homens, eu os olhava fazer e os escutava falar; depois, *vendo que suas ações não se assemelhavam a seus discursos*, eu procurava a razão desta dessemelhança e descobria que *ser* e *parecer*, sendo para eles duas coisas tão diferentes quanto agir e falar, esta

3 *O.C.*, t. II, *Narcisse, ou L'Amant de lui-même*, p. 973.
4 *Id.*, *ibid.*, p. 974.

segunda diferença era a causa da outra e tinha, ela própria, uma causa que me restava procurar"[5].

Própria do homem na sua condição *presente*, esta desarmonia entre os princípios alardeados e o comportamento real parece constituir um mal geral e inevitável.[6] Mais do que diante de uma simples desordem moral, nós nos achamos, ao que parece, frente a uma dissociação essencial ao homem *civilizado*, cuja unidade parece definitivamente comprometida. Não é compreensível que o próprio Rousseau, vítima como todos os outros da mesma dissociação radical, tenha dificuldade em se pôr integralmente de acordo consigo mesmo, harmonizando seu discurso e sua conduta? Não nos achamos, portanto, diante de um *belo espírito*, mas simplesmente face a um homem dividido. Ora, se a divisão é necessária, se o perfeito acordo é impossível, a coerência não está em reconhecê-lo, assumindo a divisão e tentando mantê-la dentro de limites aceitáveis? A incoerência e a falsidade não estariam justamente em aparentar uma unidade impossível?

Mas não é o drama pessoal que nos interessa. Se insistimos na oposição entre o agir e o falar é porque ela nos aparece não como a fonte das *contradições* disseminadas na obra, mas como a figura exemplar de uma *divisão* instalada no seio mesmo deste discurso e que parece operar em diferentes níveis. Necessária, a dissociação comanda, talvez, as articulações do discurso e governa sua divisão. Sem o esclarecimento desta divisão, de suas razões e de suas exigências, isto é, sem a explicitação da teoria da *arte de bem dizer* ou da escrita, instituições que têm seu lugar próprio na lógica da dissociação e no sistema da nossa cultura, não podemos nos pronunciar

5 *O.C.*, t. IV, *Lettre à Christophe de Beaumont*, p. 966.
6 *O.C.*, t. III, *Manuscrit de Genève*, I, 5, p. 300.

sobre os desvios constatados deste discurso peculiar que talvez faça do desvio a sua coerência. A própria *evidência* das *incoerências* que aparecem à primeira leitura constitui, além disso, um sintoma de que não devam ser levadas a sério. Kant já nos advertiu contra os fascínios desta primeira leitura de Rousseau, desta leitura de que saímos, graças à mágica eloquência dos textos, com o ritmo de nossas pulsações acelerado. É possível que uma nova leitura, à luz dos princípios estruturadores deste discurso dividido, se encarregue não apenas de controlar nossa emoção como também de dissipar as aparentes evidências da primeira.

Ora, como se sabe, "tudo se prende radicalmente à política"[7]. Não é, pois, o discurso político o lugar mais estratégico – ou, pelo menos, o mais *didático* – a partir do qual será possível começar a entender os *paradoxos* deste "*homme à paradoxes*"[8] e compreender a concepção da escrita que lhe é própria, assim como o *uso* multiforme que ele faz dela? Lembremo-nos da indicação referida. A escrita – as ciências e as letras – constituem um *remédio* a ser empregado no combate a certos males existentes. Ambivalentes, as artes, as ciências e as letras são suscetíveis de um uso positivo. Não será este um uso eminentemente *político*?

Por outro lado, a oposição entre o falar e o agir, cuja presença generalizada estaria na origem do primeiro espanto de Rousseau – e do nosso, diante dele – parece espelhada com exatidão e reproduzida em caracteres mais amplos pelo discurso político na oposição que se mostra entre as duas vertentes em que se divide necessariamente. O terreno parece dos mais propícios para enfrentarmos, com alguma esperança de êxito, os enigmas que não cessam de nos desafiar.

7 *O.C.*, t. I, *Les Confessions*, IX, p. 404.

8 "Leitores vulgares, perdoai meus paradoxos; é preciso cometê-los quando se reflete; e, digam o que disserem, prefiro ser homem de paradoxos do que homem de preconceitos." (*O.C.*, t. IV, *Émile*, II, p. 323).

*

Vejamos, mais de perto, como se configura nossa dificuldade. Em vários textos – *Considerações sobre o Governo da Polônia*, *Projeto de Constituição para a Córsega*, *Cartas Escritas da Montanha* (II) – Rousseau abandona a *teoria* e enfrenta problemas concretos postos pela conjuntura histórica particular de comunidades determinadas. Tanto estes textos quanto o *Contrato* não parecem, entretanto, fornecer indicações uniformes e suficientes relativamente à questão das táticas e dos caminhos mais adequados à construção, na prática, da sociedade igualitária ou à dos agentes históricos encarregados de operar a transformação das comunidades existentes.

Primeiro, a *teoria*. O princípio fundamental é o de soberania da *vontade geral*. Com este conceito de soberania – apesar das dificuldades de interpretação da noção de *vontade geral* – o *povo* aparece como fonte exclusiva de todo poder político. "O Povo submetido às leis deve ser o seu autor; não pertence senão àqueles que se associam a regulamentação das condições da sociedade"[9]. É certo que é necessária uma *administração* política, um aparelho governamental responsável pelo bom funcionamento do todo. Mas este poder *executivo*, à luz dos *verdadeiros* princípios do direito político, aparece como subordinado, simples mandatário encarregado de pôr em execução as determinações da vontade coletiva expressas nas leis fundamentais da comunidade e emanadas de um poder *legislativo* constituído pela totalidade dos membros da coletividade. Compreende-se que o *Contrato* tenha se tornado mais tarde uma poderosa arma nas mãos de alguns jacobinos em sua investida revolucionária contra as estruturas político-ideológicas do antigo regime: alguma coisa do velho mundo já começara a morrer nas páginas inflamadas

9 *O.C.*, t. III, *Du contrat social*, II, 6, p. 380.

deste pequeno tratado. A passagem dos ideais nele contidos para aqueles acontecimentos que chama de *horríveis e cruéis* aparece, por exemplo, a Hegel, como perfeitamente legítima. (III)

A teoria do *Contrato* parece, entretanto, insuficiente para orientar plenamente a ação política no interior das sociedades historicamente constituídas. Neste texto não se faz realmente, como pensa Starobinski, abstração do problema da transição de uma sociedade constituída para a sociedade ideal? "Não se trata aí de destruir uma sociedade imperfeita para o estabelecimento de uma sociedade igualitária. Rousseau evita, assim, o problema prático da passagem de uma sociedade antecedente para uma sociedade perfeitamente justa"[10]. É verdade que ele indaga sobre a *origem* do corpo político, mas a investigação, neste nível, não tem nada de uma investigação histórica, como ele próprio se encarrega de assinalar. Se o pacto primitivo é constitutivo do corpo político, é por representar seu fundamento lógico e não sua origem histórica. O problema que se coloca, então, é o de saber qual a prática política apta a provocar historicamente um resultado equivalente àquele que, ao nível da gênese ideal, é produzido pelo pacto primitivo. Poderíamos esperar que, ao tratar, a partir do Capítulo 6 do Livro II, daquilo que denomina de *ciência da legislação*, Rousseau considerasse o problema. Mas esta curiosa ciência se ocupa, ao que parece, unicamente com o problema da *conservação* do corpo político.[11] As regras práticas aí definidas não parecem úteis a não ser depois da existência da sociedade justa, cujo advento nada nos indica como promover. Tudo o que aprendemos é como conservar a saúde de um corpo são, mas nada ficamos sabendo sobre como curar os males de um corpo já atingido pela doença. Ora, a história presente oferece-nos

10 STAROBINSKI, J. *Jean-Jacques Rousseau: la transparence et l'obstacle*. Paris: Plon, 1958, p. 35.
11 *O.C.*, t. III, *Manuscrit de Genève*, II, 1, p. 312.

o espetáculo de sociedades em que reinam as divisões entre ricos e pobres, o predomínio da força e as constituições políticas viciadas, como mostra o *Discurso sobre a Desigualdade.*

Se nos voltamos para as obras *práticas* na esperança de encontrar elementos capazes de preencher a lacuna, não apenas nossa expectativa se frustra rapidamente, como, além disso, um novo Rousseau parece surgir diante de nós. O *Projeto de Constituição para a Córsega* não parece apto a nos ajudar, na medida em que, tal como na perspectiva do *Contrato,* tratar-se-ia aí apenas de organizar politicamente uma nação que, aos olhos de Rousseau, dentre todas as que lhe são contemporâneas, é a única a preencher as condições que tornam um povo *próprio para a Legislação.* (IV) A questão aí, ao que parece, é a de *conservar* a liberdade de um povo fundamentalmente sadio e não de lhe ensinar como conquistar uma liberdade que ainda não possuiria. A Polônia, ao contrário, apresenta ao Legislador um problema diferente: ele se acha diante de uma nação *toute instituée,* com vícios já *trop enracinés,* que se trataria justamente de corrigir.[12] O Legislador da Polônia, entretanto, está longe de cumprir a promessa revolucionária que o *Discurso sobre a Desigualdade* – como pretendia Engels[13] – parecia conter ao término de seu violento requisitório contra a *civilização* e da implacável denúncia dos seus malefícios. Ele não chega a ser, à primeira vista, nem mesmo um reformador.

Desde a primeira leitura das *Considerações,* a alergia pela mudança ressalta nitidamente. Conselhos de prudência repetem-se ao longo do texto como um *leitmotiv.* Desde o primeiro capítulo, os poloneses são advertidos a não tocar na Constituição *a não ser com uma circunspecção extrema.* No Capítulo 3, anunciando sua intenção de propor um *regime de administração* novo, o autor se apressa em

12 *O.C.*, t. III, *Considérations sur le gouvernement de la Pologne*, I, p. 953.
13 ENGELS, F. *Anti-Dühring*. Paris: Sociales, 1950, p. 171.

esclarecer que o fará sem *quase tocar no fundo de vossas leis*. No Capítulo 7 recorda-se a *importante máxima de nada mudar sem necessidade* e, finalmente, na Conclusão, insiste-se em que as mudanças que acabam de ser propostas não são *fundamentais* e *não parecem muito grandes*. Se consideramos nelas mesmas as proposições de reforma, verificamos que, de fato, deixam intacta a estrutura fundamental do poder: as vigas mestras do sistema *misto* polonês – o Senado, o Rei e a Dieta – são integralmente poupadas pela reforma. As mudanças parecem incidir sobre detalhes. (V)

Mas esta *circunspecção* não se acha de acordo com o espírito do *Contrato*? Toda mudança na forma de governo, segundo a doutrina aí estabelecida, só podendo ser feita no sentido do seu *resserrement*, traz no seu bojo um incentivo à degenerescência do corpo político.[14] Se a tarefa do Legislador é evitar esta degenerescência, toda reforma do governo deve ser olhada com desconfiança e a opção por uma mudança radical só se justificaria quando inevitável, isto é, quando o governo, para continuar a cumprir sua função de executor das leis, reclamasse a concentração em si de uma *força* maior. Se as mudanças propostas não tocam o essencial, se a atitude do Legislador é prudente, isto se deve, talvez, ao fato de que, no caso da Polônia, o governo, na forma em que se apresenta, tem ainda condições de preencher sua função, reclamando, para fazê-lo de modo ainda mais perfeito, apenas alguns arranjos de detalhe. Não haveria problema, pois, se a única questão colocada ao Legislador fosse referente ao funcionamento do poder executivo. Mas a ordem polonesa, no seu todo, parece reclamar uma transformação radical.

Será *legítima* a ordem vigente na Polônia? A resposta só pode ser negativa. As leis fundamentais da Polônia e a estrutura de poder por elas consagrada estão longe de preencher os requisitos

14 *O.C.*, t. III, *Du contrat social*, III, 10, p. 422.

de legitimidade definidos no *Contrato*. Em primeiro lugar, as leis polonesas conferem o *Poder Legislativo* a uma câmara de representantes – a Dieta – e, assim fazendo, contrariam formalmente o princípio de direito político segundo o qual a soberania não pode, sob pena de se desfigurar, ser representada.[15] Surpreendentemente, o feroz adversário dos *deputados* – para o qual um povo perderia sua liberdade a partir do momento em que tivesse representantes – parece agora reconciliado com a democracia representativa. Como observa Derathé, propondo que se atribuía às decisões tomadas nas Dietas um caráter definitivo, Rousseau contraria o princípio de que "toda lei que o Povo em pessoa não ratificou é nula; não é uma lei"[16] e se afasta, assim, do "espírito mesmo de sua doutrina"[17]. Este *crítico* da *representação*[18] não procura suprimi-la no caso presente.

Mas o abandono dos princípios do *Contrato* vai, aparentemente, ainda mais longe. As leis polonesas contradizem frontalmente o princípio da soberania popular. É o próprio Rousseau que o observa quando abre o debate sobre a *Constituição*, no Capítulo 6. A ordem jurídica vigente é aí colocada radicalmente em questão. À *lei do Estado*, que faz da nobreza – a menos numerosa das três *ordens* de que se compõe a nação – a única detentora do poder soberano, a fonte da legislação, ele opõe a *lei da natureza* que não "permite que se restrinja assim a autoridade legislativa e que as leis obriguem alguém que não tenha votado pessoalmente, como os núncios, ou pelo menos por seus representantes, como o corpo da nobreza". (VI) Até aqui encontramos o mesmo Rousseau do *Contrato*, o mesmo tom radical de quem enunciava o princípio de que

15 *Id.*, *ibid.*, III, 4.
16 *Id.*, *ibid.*, III, 15, p. 430.
17 DERATHÉ, R. *Jean-Jacques Rousseau et la Science Politique de son Temps*. Paris: P.U.F., 1950, p. 279.
18 DERRIDA, J. *De la Grammatologie*. Paris: Minuit, 1967, p. 417.

o "poder legislativo pertence ao povo e não pode pertencer senão a ele"[19]. A ordem polonesa aparece-lhe como uma *barbárie feudal que exclui do corpo do Estado sua parte mais numerosa e, às vezes, a mais sadia.* Os nobres poloneses atribuem-se um direito contestado pela lei natural e a nação se acha submetida a uma vontade parcial. Ora, a vontade geral para ser verdadeiramente tal "deve sê-lo no seu objeto assim como na sua essência [...] ela deve partir de todos para se aplicar a todos"[20]. Nenhuma dúvida, portanto, quanto à legitimidade desta ordem ou quanto ao valor desta *democracia.* Como não esperar, da parte do Legislador – cujo propósito, em princípio, deveria ser o de instaurar uma ordem igualitária – a contestação radical, por meio de proposições concretas, deste pseudodireito de que os nobres desfrutam?

Mas a prudência do Legislador se estende também a este plano. O capítulo seguinte nos introduz em uma perspectiva inesperada. Achamo-nos diante de uma série de medidas destinadas a impedir a *usurpação* pelo poder executivo da autoridade *soberana* representada pelas Dietas. A *lei do Estado,* julgada ilegítima e contrária à lei *santa* da *natureza* no capítulo precedente, parece ter sido inexplicavelmente reabilitada.

> "O enfraquecimento da legislação – escreve Rousseau – se fez na Polônia de uma maneira bem particular e talvez única. É que ela perdeu força sem ter sido subjugada pelo poder executivo. Neste momento, ainda, a potência legislativa conserva toda sua autoridade; ela se acha na inação, mas sem nada ver acima dela. A Dieta é *tão soberana quanto o era quando de seu estabelecimento.* Contudo, ela está sem força; nada a domina, mas nada lhe obedece"[21].

19 *O.C.*, t. III, *Du contrat social*, III, 1, p. 395.
20 *Id.*, *ibid.*, II, 4, p. 373.
21 *O.C.*, t. III, *Considérations sur le gouvernement de la Pologne*, VII, p. 975.

A soberania da Dieta já não parece contestável e as medidas que o Legislador propõe visam o seu fortalecimento e defesa contra as eventuais investidas do poder executivo. As mesmas receitas, expostas no Livro III do *Contrato* e destinadas à manutenção da autoridade soberana, são agora aplicadas no sentido da manutenção da autoridade estabelecida, ou seja, no sentido do fortalecimento do poder que se acha nas mãos da nobreza. Rousseau é fiel às regras que estabelece, visando neutralizar a tendência à usurpação própria do poder executivo. Mas é esta própria *fidelidade* que parece aqui inexplicável: o emprego destas regras só pode ser feito, no caso presente, com os sinais trocados, já que os pontos de partida do *Contrato* e das *Considerações* parecem radicalmente diferentes. A hipótese com a qual trabalha o Legislador ideal do *Contrato* é a de um verdadeiro corpo político, de uma verdadeira *República* constituída de acordo com os princípios do direito. A sociedade polonesa, ao contrário, acha-se na linha do *Discurso sobre a Desigualdade*, no plano da má história, da passagem viciosa para o estado civil comandada pelo pacto mistificador feito sob o patrocínio dos *ricos* e em seu benefício. Como utilizar, sem incoerência, a mesma técnica definida no *Contrato*? Utilizando-a, Rousseau dá mostras de uma surpreendente desenvoltura e parece ter passado, com armas e bagagens, para o campo do adversário, na medida em que conservar a autoridade legislativa estabelecida na Polônia significa concretamente submeter a força executiva, ainda mais, ao controle de uma vontade parcial e não da vontade geral. Que diriam deste menosprezo pelos direitos do *terceiro estado* os jacobinos que fizeram do *Contrato* uma de suas principais fontes de inspiração?

Uma confirmação suplementar das incoerências de Rousseau nos é fornecida pelas *Cartas da Montanha*, onde ele adota uma atitude ao mesmo tempo análoga e contraditória com relação à que assume frente à Polônia. Genebra é confessadamente o principal paradigma de Rousseau. Mas, se consideramos mais de perto as relações de poder aí vigentes, constatamos que da realidade aos princípios do direito vai também uma grande distância. A situação de Genebra é bastante parecida com a da Polônia, com a diferença de que o poder aí é exercido com exclusividade pelos *burgueses*. Mas dele se acham excluídos também os camponeses e, em uma população de cerca de 20 mil habitantes, apenas 1.500 aproximadamente detêm o poder. (VII) O apóstolo da soberania popular não se deixa perturbar e aceita tranquilamente a situação, voltando sua atenção exclusivamente para o problema das relações entre o poder executivo e o legislativo. O que parece dar razão a Palmer, que vê em Rousseau o *campeão* da *revolução burguesa*. Mas na Polônia também a *burguesia* se acha excluída do poder político e o Legislador não se mostra especialmente preocupado em fazer valer os seus direitos. Campeão da revolução burguesa em Genebra e defensor do poder aristocrático na Polônia, Rousseau-Proteu[22] parece, assim, unicamente preocupado em adotar a política que melhor convenha aos poderes estabelecidos, sejam eles quais forem. Sua técnica de *conservação* do corpo político, uma vez abandonadas as alturas da abstração teórica, revelar-se-ia, ao contato com a realidade concreta, uma técnica neutra a serviço dos poderosos e o *rousseauismo*, na prática, nada mais seria do que um *maquiavelismo* envergonhado. Parafraseando o próprio Rousseau e invertendo sua fórmula sobre Maquiavel, pareceria lícito dizer que o que ele faz, na realidade, fingindo dar lições ao povo, é ensinar os poderosos do momento.

*

22 *O.C.*, t. I, *Le Persiffleur*, p. 1108.

É bem verdade que os capítulos finais das *Considerações* atenuam um pouco o choque provocado pelo surpreendente *conservadorismo* constatado. O Capítulo 13 traz o seguinte título: "Projeto para submeter a uma marcha gradual todos os membros do governo"[23]. Diante deste projeto é preciso retificar, em parte, o juízo acima formulado: parece mais justo considerar o Legislador da Polônia como um *reformista* e não como um puro e simples *conservador*. Rousseau propõe, com efeito, um alargamento da *democracia* restrita com a integração das duas outras *ordens* – burgueses e camponeses – na sociedade *política*, mediante o *enobrecimento* ou a libertação gradual de burgueses e camponeses. Imagina a instituição de um *comitê censorial* ou de *bienfaisance*, constituído pela nobreza e cuja *principal e mais importante ocupação* seria a de, periodicamente, estabelecer listas de camponeses *que se distinguiriam por uma boa conduta, uma boa cultura, bons costumes, pelo cuidado com sua família, por todos os deveres de seu estado bem cumpridos*. Estas listas seriam enviadas às assembleias provinciais – ou Dietinas – que dentre os nomes apontados *escolheria um número fixado pela lei para ser libertado*, ao mesmo tempo em que proviria por meios convencionados à "compensação dos patrões, fazendo-lhes gozar de isenções, de prerrogativas, de vantagens, enfim, proporcionadas ao número de seus camponeses que teriam sido considerados dignos da liberdade"[24]. Pouco mais adiante se propõe, segundo o mesmo processo, seja o *enobrecimento individual* para alguns burgueses, seja o *enobrecimento coletivo* de cidades inteiras.[25] Embora preocupado com a defesa da autoridade das Dietas, Rousseau não parece ter esquecido totalmente seu ideal igualitário, já que propõe como objetivo último, embora longínquo, de reforma, a participação

23 *O.C.*, t. III, *Considérations sur le gouvernement de la Pologne*, XIII, p. 1020.
24 *Id.*, *ibid.*, p. 1026.
25 *Id.*, *ibid.*, p. 1027.

no poder de todos os membros da comunidade. Achamo-nos, pois, diante de uma *conservação* que é, ao mesmo tempo, transformação gradativa da ordem estabelecida. Onde estaria então a incompatibilidade entre as *Considerações* e o *Contrato*?

O objetivo estratégico do Legislador parece o mesmo que o *Contrato* define: trata-se de fazer da sociedade polonesa um verdadeiro *corpo político*, uma autêntica *República*, na qual a autoridade soberana seja exercida pela *vontade geral*. Se existe um compromisso momentâneo com a autoridade constituída, nenhuma concessão é feita no que diz respeito aos princípios do direito, reafirmados vigorosamente no Capítulo 6. A aceitação parcial do *status quo*, o respeito pelas leis vigentes e a circunspecção do Legislador poderiam ser entendidos como um simples expediente tático, cuja adoção não implicaria, necessariamente, numa renúncia aos objetivos estratégicos. O caminho escolhido pode parecer estranho, já que passa pelo fortalecimento imediato do poder da nobreza. Mas sua escolha não pode ser avaliada exclusivamente à luz dos princípios do direito. Estaríamos na presença de dois níveis diferentes que não devem ser confundidos e que no próprio *Contrato* acham-se distinguidos. Estudando o problema da mudança dos governos, Rousseau escreve:

> "É verdade que estas mudanças são sempre perigosas e que não se deve jamais tocar no governo estabelecido a não ser quando ele se torna incompatível com o bem público; mas esta circunspecção é uma *máxima de política* e não uma *regra de direito* [...]"[26].

Ao político não cabe somente afirmar os valores jurídicos, mas fazer deles uma realidade e, pois, levar em conta aquilo que é possível, nas circunstâncias presentes, ou conforme às paixões humanas.

26 *O.C.*, t. III, *Du contrat social*, III, 18, p. 435 (grifo nosso).

A escolha, na Polônia, deste caminho singular só pode ser avaliada em função da eficácia e, por ela mesma, não seria indício suficiente de uma ruptura com a doutrina do *Contrato*, na medida em que a defesa de fato do poder constituído não é feita em nome da sua legitimidade, mas, ao contrário, é precedida pela sua condenação formal e de direito. Em uma palavra: uma posição reformista, tal como a que é assumida no caso presente, não parece necessariamente incompatível com a doutrina do *Contrato*.

Como compreender, entretanto, o *diagnóstico* de que parte Rousseau e do qual depende toda a *terapia* proposta? Ele é resumido logo no primeiro capítulo.[27] A Polônia é um

> "grande corpo formado de um grande número de membros mortos e de um pequeno número de membros desunidos, cujos movimentos quase independentes uns dos outros, longe de ter um fim comum, se entredestroem mutuamente, que age muito para não fazer nada, que não pode fazer nenhuma resistência a quem quer que pretenda atacá-lo, que cai em dissolução cinco ou seis vezes cada século, que cai em paralisia a cada esforço que quer fazer, a cada necessidade que procura atender e que, apesar de tudo isto, vive e se conserva em vigor [...]".

Ela mostra ainda todo o "fogo da juventude", apesar de "despovoada, devastada, oprimida, aberta a seus agressores, entregue a suas infelicidades e à anarquia". Em nenhum momento, neste primeiro capítulo, é posta em dúvida a *liberdade* da nação: apesar de estar sob grilhões, ela discute os meios de se "conservar livre". Se assim é, a atitude do Legislador é compreensível: diante de uma nação *livre*, ainda não corrompida, o que se tem a fazer é tratar de conservar a *liberdade* existente.

27 *O.C.*, t. III, *Considérations sur le gouvernement de la Pologne*, I, p. 953-954.

Mas onde pode residir a liberdade de uma nação feudal na qual o poder soberano é exercido apenas por uma parcela do corpo político? No *Contrato*, Rousseau é particularmente severo para com o regime feudal: trata-se de um *sistema absurdo* que contraria os "princípios do direito natural" e "toda boa polícia"[28]. Se existe *liberdade* na Polônia – dado o espírito *republicano* da Constituição – trata-se de uma liberdade restrita que encobre um domínio *oligárquico* efetivo. Como pode este critério formal – referente às relações entre os diferentes *poderes* constituídos – prevalecer sobre os outros? O próprio Montesquieu – como outros contemporâneos – é pouco indulgente para com a Polônia: no final do capítulo sobre as leis relativas à *aristocracia*, ele escreve que a mais imperfeita de todas as aristocracias é aquela "em que a parte do povo que obedece está na escravidão civil daquela que comanda, como a aristocracia da Polônia, em que os camponeses são escravos da nobreza"[29].

A forma *degenerada* de aristocracia, segundo o *Contrato*, é a "oligarquia"[30]. Não seria mais coerente julgar o regime polonês como uma forma degenerada de aristocracia? O que é que distingue a sociedade polonesa de um corpo político já *morto*? É certo que, no *Contrato*, a *morte* propriamente dita do corpo político se define como resultando da usurpação do poder legislativo pelo poder executivo. E não é isto, de fato, o que parece ocorrer na Polônia. Há uma *anarquia*, mas ela não conduziu ainda à *dissolução* definitiva do Estado, na medida em que o *poder* legislativo ainda subsiste. Entretanto, o *pacto polonês*, atribuindo com exclusividade à nobreza o poder de fazer leis, parece consagrar a *usurpação* nitidamente política. Tal como os ricos usurpadores do *Discurso sobre a*

28 *O.C.*, t. III, *Du contrat social*, I, 4, p. 357.
29 MONTESQUIEU. *De l'Esprit des Lois*. Paris: Gallimard/Pléiade, 1951, t. II, p. 247.
30 *O.C.*, t. III, *Du contrat social*, III, 10.

Desigualdade, a nobreza transformou em direito o poder de impor sua vontade. Com a agravante de que aqui o que se legitima não é somente a propriedade privada, mas o poder político soberano de uma parcela do todo. Por que a indulgência do Legislador diante deste corpo *usurpador*?

Da mesma forma como se converte em cidadão da República das Letras, Rousseau, além de policiar o sonho de uma República dos Fins, consente agora em legislar para uma pseudorrepública. E um outro paradigma é traído. Não recorda ele o exemplo de Platão que se recusou a legislar para os Arcadianos e Cirenaicos "sabendo que estes dois povos eram ricos e não podiam suportar a igualdade"[31]? Diante de uma sociedade corrompida uma intervenção política parece impossível, ineficaz. No *Manuscrito de Genebra*, lemos: "[...] pode-se dar vigor a um Povo que nunca o teve, mas não conferi-lo àquele que o perdeu; considero esta *máxima* como fundamental"[32]. Mesmo do ponto de vista das máximas da política, a atitude diante da nobreza polonesa, corpo parcial a que se atribui uma missão *universal*, parece inadmissível. Como explicar a confiança que Rousseau deposita neste corpo parcial, como esperar que esta *ordem* não faça prevalecer sua vontade de corpo sobre a vontade geral da comunidade? Chamada a intervir na Polônia, mais de dez anos após a publicação do *Discurso sobre a Desigualdade* e do *Contrato*, o *velho* Rousseau parece ter afrouxado os rígidos princípios anteriormente estabelecidos.

*

Mas seriam estes princípios assim tão rígidos? Voltemos ao *Contrato*. Mesmo aí, fiel aos ensinamentos de Montesquieu, Rousseau

31 *Id.*, *ibid.*, II, 8, p. 385.
32 *O.C.*, t. III, *Manuscrit de Genève*, II, 3, p. 324.

admite que a comunidade política, cujas condições de legitimidade são definidas no primeiro livro, pode se apresentar na prática, sob formas variadas, relativas às circunstâncias de tempo e de lugar, que acompanham a vida dos povos. Ao lado do princípio da soberania da vontade geral, válido universalmente posto que deduzido da *essência* mesma do corpo político, somos obrigados a admitir *diversos sistemas de legislação* relativos às condições particulares que vigoram nos diferentes países. De onde o princípio essencial, para o Legislador, segundo o qual é preciso procurar, para cada povo, não o melhor sistema de legislação em si, mas aquele que seja o melhor *possível*. A *liberdade* e a *igualdade*, estes *objetos gerais de toda boa instituição*, devem ser

> "modificados em cada país pelas relações que nascem tanto da situação local quanto do caráter dos habitantes, e é em função destas relações que é preciso atribuir a cada povo um sistema particular de instituição, que seja o melhor, não talvez em si mesmo, mas para o Estado ao qual é destinado"[33].

O princípio da soberania da vontade geral só impõe, portanto, uma condição formal para toda ordem social. Não é possível deduzir, a partir desta condição, qual o conteúdo efetivo do sistema de legislação próprio para uma sociedade determinada. Não é possível saber, por exemplo, qual a forma de governo adequada. As diferentes formas de governo – democracia, aristocracia e monarquia – são, em princípio, igualmente legítimas, como nos mostra o Livro III. Perguntar pela melhor forma de governo, em termos absolutos, é uma questão insolúvel e indeterminada; ou melhor, ela "tem tantas boas soluções quanto há combinações possíveis nas posições ab-

33 *O.C.*, t. III, *Du contrat social*, II, 11, p. 392.

solutas e relativas dos povos"[34]. Entre as condições gerais de legitimidade, fixadas no primeiro livro, e a determinação dos *sistemas* positivos *convenientes* às diferentes sociedades, é necessário admitir a mesma diferença de níveis a que nos referíamos ao considerar as *regras de direito* e as *máximas da política*. Tanto para fixar nossa conduta política diante de uma situação específica como para julgar a validade de um conjunto de instituições determinado não basta a referência exclusiva aos princípios gerais do direito, mas é necessário ainda perguntar por aquilo que *convém* a povos diferentes vivendo sob condições *naturais* distintas. A passagem de um nível para o outro – do direito em geral para o direito *positivo* – não é *analítica*: para *julgar* uma política determinada ou instituições vigentes, assim como para definir uma política ou elaborar um *sistema de legislação* positivo, é necessário levar em conta as *diferenças* entre os povos e não apenas a sua essência comum. Se à luz dos princípios gerais as instituições vigentes na Polônia parecem inaceitáveis, é possível que elas sejam válidas, se consideradas do ponto de vista das *conveniências*.

Mas a condição formal de toda sociedade justa impõe, de qualquer maneira, limites bem precisos, ultrapassados os quais as instituições positivas não podem mais ser julgadas legítimas ou sadias. Por exemplo, as formas de governo são variáveis. Mas para ser legítimo, sejam quais forem as formas concretas que adotar, é preciso que o governo se constitua como força subordinada, submetida ao poder soberano. As relações entre o Soberano, o Governo e o Estado – que se representam por aquelas que mantêm os "extremos de uma proporção contínua cuja média proporcional é o governo"[35] – devem sempre ser as mesmas. Esta estrutura formal,

34 *Id.*, *ibid.*, III, 9, p. 419.
35 *Id.*, *ibid.*, III, 1, p. 396.

preenchida de conteúdos variáveis, deve ser reproduzida sempre da mesma maneira. Os termos podem ter conteúdos vários, mas suas relações recíprocas devem ser sempre constantes. Se estas proporções não são observadas por um conjunto de instituições, se o poder soberano é *alienado*, *dividido* ou *representado*, ele não pertence ao sistema da *liberdade* e da *igualdade*. Não é este justamente o caso da Polônia? *Alienado* e *representado*, o poder soberano já não pertence mais ao todo. Considerar a nação livre não é recuar às concepções de Grotius tão severamente criticadas, não é reconhecer um "direito de escravidão"[36]?

Nossa dificuldade, pois, retorna: como considerar livre, sem entrar em contradição com o *Contrato*, um *Estado* em que a soberania é exercida por uma parcela do todo? E ela pode se precisar no dilema seguinte: ou o Estado polonês já se acha essencialmente corrompido e então não se compreende a possibilidade mesma da intervenção de um Legislador, ou então sua corrupção não é essencial, o que permite compreender o Legislador e sua preocupação com a *conservação* da ordem vigente, mas parece contrariar a doutrina estabelecida no *Contrato*.

*

Conclusão: apesar do *relativismo* do *Contrato* e apesar da solene invocação da lei da *natureza* ou da proposta de alargamento da *democracia* polonesa das *Considerações*, a impressão inicial parece confirmada: de um texto para o outro a distância é enorme. A dissimulação é nítida: sob o disfarce de *republicano* intransigente oculta-se um tímido conservador. Se o Rousseau do *Contrato* parece poder ser acusado de irrealismo é do pecado contrário que

36 *Id.*, *ibid.*, I, 4, p. 356.

as *Considerações* nos fornecem o exemplo: seu *realismo* neste caso afasta para um plano secundário a *ideologia* igualitária anterior.

Mas não é apenas no nível das, consequências políticas que parece ocorrer um abrandamento. A avaliação das instituições polonesas aparece como teoricamente injustificável à luz dos princípios do *Contrato*. Resumindo, a questão posta no *Contrato*, indicada logo no primeiro parágrafo, é a seguinte: "Quero procurar se na ordem civil pode haver alguma regra de administração legítima e segura [...]"[37]. Para responder a ela procura-se, em primeiro lugar, determinar qual a *natureza* ou a essência do corpo político.[38] Como saber, com efeito, qual a autoridade ou as leis que a ele convém se ignoramos sua natureza essencial? O esquema é o mesmo do *Discurso sobre a Desigualdade*, onde, antes de responder à questão sobre se a desigualdade é ou não autorizada pela lei *natural*, o autor indaga, na primeira parte do texto, sobre a *natureza* do homem. Em um e em outro caso é a *natureza* que permite decidir a questão seja da lei natural – aquela que é adequada à natureza do homem – seja das leis políticas, isto é, das leis adequadas à *natureza* do corpo político. A esta questão preliminar responde-se, no *Contrato*, com a ideia do pacto estabelecido pelos membros da comunidade, no ato da sua associação, e deste pacto resulta que a soberania só pode pertencer à totalidade dos membros da comunidade. A partir daí parece legítimo considerar como critério para avaliação de uma comunidade determinada o maior ou menor grau de participação no poder efetivo de todos os membros desta comunidade. Logo, diferente parece ser a concepção da essência da realidade política social que fundamenta o

37 *Id.*, *ibid.*, I, p. 351.

38 *Id.*, *ibid.*, I, 1, p. 281. Observe-se que aí também Rousseau distingue as *máximas do governo* das *regras do direito civil.*

juízo sobre a situação da Polônia e a norma em função da qual se articula o discurso das *Considerações*.

Mais ainda. Nossa análise, ao mesmo tempo em que precisa nossa dificuldade, confirmando a impressão inicial, leva-nos a deslocar o problema para o interior mesmo do *Contrato*. Se parece pouco clara a passagem do *Contrato* para as *Considerações*, também parece problemática a transição do primeiro livro para o *relativismo* dos outros, especialmente do terceiro. De um lado, Rousseau apresenta o princípio da soberania da vontade geral como valendo universalmente: *partout*, diz ele, as cláusulas do pacto são as mesmas, "*partout tacitement admises et reconnues*"[39]. Esta universalidade parece todavia contestada por certas *qualificações* trazidas pelos outros livros. Como conciliar, por exemplo, o princípio segundo o qual o *homem nasceu livre* ou a doutrina do pacto e as consequências que dela se deduzem com a afirmação inicial deste surpreendente Capítulo 8 do Livro III?

> "A liberdade não sendo um fruto de todos os climas não se acha ao alcance de todos os povos. Quanto mais meditamos sobre este princípio estabelecido por Montesquieu, tanto mais sentimos sua verdade. Quanto mais o contestamos, tanto mais damos ocasião de estabelecê-lo por novas provas"[40].

O próprio *Contrato* aparece então, como pensa Vaughan, dividido entre dois universos conceituais conflitantes: de um lado o *individualismo* de Locke e, de outro, o *historicismo* de Montesquieu.

> "Os dois planos de pensamento, o abstrato e o concreto, habitam lado a lado em sua mente, sempre cruzando um com o outro, mas nunca com-

39 *Id.*, *ibid.*, I, 6, p. 360.
40 *Id.*, *ibid.*, III, 8, p. 414.

> pletamente confundidos [...]. Em um momento ele é mais abstrato do que Locke ou Platão; pouco depois está tão pronto a levar em conta as circunstâncias como Montesquieu ou Burke. Em um momento ele acha que todos os homens são iguais e, no que diz respeito à capacidade de liberdade, que eles são os mesmos. No momento seguinte assegura que não há isto que se chama de igualdade entre um grupo de homens e outro; e que as diferenças são devidas não aos próprios homens, mas à tirania do solo ou do clima e das condições econômicas ou políticas, as quais resultam em parte destas causas físicas, em parte das tradições herdadas do passado"[41].

De pacífica, no momento da composição do *Contrato*, a coexistência esdrúxula entre estes dois elementos díspares torna-se gradativamente belicosa e se resolve, mais tarde, pelo triunfo de um deles e a eliminação do outro. No início a influência de Locke parece predominante. Com o passar dos anos o discípulo de Montesquieu consolida suas posições e acaba por subjugar o adversário. A liberdade defendida não será mais um "direito comum a todos os homens, mas um direito estritamente limitado pelo tempo e lugar, pelas circunstâncias do presente, pelos hábitos e costumes formados sob a pressão de mil acidentes durante as esquecidas lutas do passado". Em suma, será uma liberdade "especialmente calculada para Genebra, para a Córsega, para a Polônia"[42]. Instruído por sua maior experiência e em contato com realidades concretas, Rousseau se desfaz dos conceitos do *Contrato*, dada sua estreiteza e abstração, embora conserve alguns elementos da doutrina. Não é ele mesmo que declara, alguns anos depois da sua composição, que o *Contrato* é um *livre à refaire*? Tudo se passa como se os fatos, tão desdenho-

41 VAUGHAN, C. E. *The Political Writings of Jean Jacques Rousseau*, v. I. Cambridge University Press, 1915, p. 77.
42 *Id.*, *ibid.*, p. 77-78.

samente tratados no primeiro livro, se vingassem pouco a pouco cobrando do político o respeito que o teórico do pacto se recusara a conceder-lhes.

Se deixarmos de lado este tratado mal feito ou suas primeiras páginas, portadoras de *elementos perturbadores do sistema*, segundo ainda os termos de Vaughan, vemos então surgir um Rousseau mais uno e menos contraditório, obedecendo a uma mesma inspiração fundamental, que ganha expressão mais adequada nas últimas obras políticas. Se o conservadorismo revelado nas *Considerações* parece inconciliável com a doutrina do *Contrato*, em compensação, são numerosos os textos que se harmonizam com ele. Em várias ocasiões Rousseau mostra que não vê com bons olhos as soluções radicais. Para ele é melhor ser "escravo do que parricida"[43] e a eficácia regeneradora das terapias violentas é das mais contestáveis.[44] De todos, dos mais eloquentes é, sem dúvida, o da *Profissão de Fé*:

> "Esperando luzes mais altas conservemos a ordem pública; em todos os países respeitemos as leis, não perturbemos o culto que elas prescrevem, não incitemos os cidadãos à desobediência, pois não sabemos certamente se é um bem para eles deixar suas opiniões por outras e sabemos muito certamente que é um mal desobedecer às leis"[45].

A atitude moderada do Legislador da Polônia parece plenamente de acordo, por outro lado, com o pessimismo político que resulta da concepção da história exposta no *Discurso sobre a Desigualdade*. Neste texto, Rousseau desenvolveu uma teoria *evolucionista pessimista* – segundo a fórmula de Bertrand de Jouvenel[46] – de acordo

43 *O.C.*, t. III, *Lettres écrites de la montagne*, VIII, p. 851, variante (*e*).
44 *O.C.*, t. I, *Rousseau juge de Jean-Jacques*, Dialogue Troisième, p. 935.
45 *O.C.*, t. IV, *Émile*, IV, p. 629.
46 JOUVENEL, B. "Rousseau, évolutionniste et pessimiste". In: *Rousseau et la Philosophie*

com a qual, em oposição à *ideologia* do progresso, a evolução social é concebida em termos de uma teleologia negativa, achando-se todas as sociedades humanas engajadas em um processo inevitável e irreversível de corrupção. É provável que, diante da Polônia, estado parcialmente corrompido, o objetivo de Rousseau seja o de retardar o advento de um mal maior e não o de realizar o estado de direito. Mesmo sendo má a ordem polonesa, seria ainda melhor que a desordem reinante nas outras grandes sociedades e o que se tem a fazer é, então, impedir que ela siga o exemplo das outras nações corrompidas que a circundam. Daí o conservadorismo ao lado do qual o apelo dirigido aos corações dos nobres poloneses, visando abrandar os rigores da sua dominação oligárquica, seria um simples *voto piedoso* e um pálido resíduo da problemática igualitária definitivamente ultrapassada.

Livres deste corpo estranho, reencontramos, então, a unidade de Rousseau. Rousseau menos o *Contrato* – ou o primeiro livro – é igual a... Montesquieu. Ou quase igual. Entre ambos persiste uma pequena diferença. De *temperamento*? Rousseau seria um Montesquieu inflamado. Montesquieu, um Rousseau de cabeça fria. Mas estaremos mesmo autorizados a subtrair deste nome o tratado político que o celebrizou? Não seria precipitado concordar com esta mutilação? Não seria prudente indagar, por exemplo, como Rousseau pensa nas suas relações com Montesquieu? Lembremo-nos do que ele nos diz no início do resumo do *Contrato*, bem situado no currículo pedagógico de Emílio:

> "O direito político está por nascer e é de se presumir que não nascerá nunca [...]. O único moderno em estado de criar esta grande inútil ciência teria sido o ilustre Montesquieu. *Mas ele não se preocupou em tratar dos*

Politique. Paris: P.U.F., 1965.

> *princípios do direito político; ele se contentou em tratar do direito positivo dos governos estabelecidos e nada no mundo é mais diferente do que estes dois estudos. Aquele, entretanto, que queira julgar corretamente dois governos tais como existem é obrigado a reuni-los ambos; é preciso obter e saber o que deve ser, para bem julgar aquilo que é*"[47].

Sobre estes princípios do direito político que o *Contrato* desenvolve – como nos informa o seu subtítulo – o texto nos fornece três importantes indicações: ele nos fala da sua *novidade*, do seu caráter *complementar* e da sua *especificidade* com relação à obra de Montesquieu. Indicações suficientes, ao que parece, para problematizar a metáfora da nota falsa no interior de uma melodia uniforme.

Antes de nos decidirmos pela hipótese de uma evolução do *Contrato* para as *Considerações* ou pela tese da *imaturidade* deste pequeno tratado ou, por outras palavras, antes de concluirmos pela incompatibilidade entre os conceitos *abstratos* e o *historicismo* da prática – ou ainda, entre os *princípios de direito* e as *máximas da política* – é necessário indagar pela concepção do discurso que orienta a elaboração de um dos momentos constitutivos desta *grande* e *inútil* ciência e sustenta a composição mesma do *Contrato*. Qual a tarefa teórica que o *Contrato* realiza? Como deve ser entendido este gesto teórico de retorno às *origens* que parte de uma colocação *entre parênteses* da história? Será esta *operação-de-passagem-ao-"geral"*, constitutiva do nível em que se situam os conceitos de *pacto social* e *vontade geral*, realmente inconciliável com o tratamento que, ao nível concreto, é dado à história? Se nos deixarmos guiar pelas indicações acima registradas e conseguirmos determinar em que consiste a referida *complementariedade* destes dois momentos, não teremos compreendido o processo, aparentemente contraditório,

47 *O.C.*, t. IV, *Émile*, V, p. 836-837.

de passagem de um para o outro? Textos como as *Considerações* impõem-nos, por conseguinte, uma releitura do *Contrato*. Mas uma releitura cujo fio condutor seja retirado do esclarecimento do estatuto que o discurso teórico possui aos olhos deste *detrator* das artes e das *ciências*.

NOTAS

(I) – São numerosos os textos em que opera explicitamente a oposição *dizer/fazer*. No *Emílio*, lemos, por exemplo:

"Para conhecer os homens, é preciso vê-los agir. No mundo dos salões nós os ouvimos *falar*; eles mostram seus discursos e escondem suas ações; mas na história elas são desmascaradas e nós os julgamos a partir dos fatos. Suas próprias afirmações nos ajudam a apreciá-los. Pois, comparando o que eles *fazem* ao que eles *dizem*, vemos ao mesmo tempo o que eles *são* e o que eles querem *parecer*, quanto mais eles se disfarçam, melhor os conhecemos"[48].

Sob o disfarce de Saint-Preux, Rousseau descarrega sua mágoa contra Paris, na *Nouvelle Héloïse*, insistindo justamente nesta oposição:

"A primeira coisa que se apresenta à observação em um país onde chegamos não é o tom geral da Sociedade? Pois bem, foi esta também a primeira observação que fiz aqui e vos falei daquilo que se *diz* em Paris e não daquilo que se *faz*. Se observei contraste entre os discursos, os sentimentos e as ações das pessoas de bem [*honnêtes gens*] *é que este contraste salta aos olhos no primeiro instante*"[49].

Na Carta 17 a mesma oposição reaparece várias vezes.

(II) – C. E. Vaughan, ao que parece, é o primeiro comentador a perceber a importância destes textos *práticos* um tanto desdenhados por aqueles que desde o século XVIII se inclinam a ver em Rousseau um mero fabricante de amenas utopias, pouco preocupado com os problemas concretos da vida política. É o caso, por exemplo, de Grimm, ex-amigo de Jean-Jacques.

Registrando a publicação das *Considerações sobre o Governo da Polônia* – mas pensando, talvez, na obra toda – ele aconselha o leitor, em sua *Correspondência Literária* de janeiro/fevereiro de 1773, a não procurar no texto mais que o "divertimento de um filósofo desocupado que emprega seu lazer em esboçar leis e uma forma de governo para alguma Utopia". Menos severos, alguns de seus admiradores conservam impressão semelhante. Reconhecem a importância da contribuição deste *moralista* no

48 *O.C.*, t. IV, *Émile*, IV, p. 526.
49 *O.C.*, t. II, *Julie, ou La Nouvelle Héloïse*, II, 16, p. 241.

plano *teórico* mas assinalam sua falta de preocupação com os problemas da prática política. Basta lembrar a fórmula de Thomas Paine: para ele, Rousseau, tal como o abade Raynal, nos deixa o "espírito amoroso sem lhe indicar os meios de possuir o objeto deste amor"[50].

Não devemos nos esquecer que este sonhador incorrigível manifesta, ao mesmo tempo, o mais profundo desprezo pelas puras especulações teóricas. Desde o primeiro *Discurso* ele lamenta a primazia conferida, pela civilização, aos *talentos agradáveis* sobre os *talentos úteis* e se volta contra o cultivo das *ciências* por elas mesmas, denunciando a vaidade dos conhecimentos que se limitam a *ornamentar nosso espírito* sem nos ensinar a cumprir nossos deveres de homem e de cidadão. Uma estreita aliança entre o saber e o poder político, por outro lado, é condição indispensável para que ambos cumpram sua destinação, pois enquanto permanecerem separados, "os sábios raramente pensarão coisas grandes, os príncipes raramente farão coisas belas e os povos continuarão a ser vis, corrompidos e infelizes"[51]. É claro que esta valorização da dimensão política do saber não constitui garantia suficiente do *realismo* da teoria política posterior. Mas ela mostra, pelo menos, que o *espírito contemplativo* de Rousseau não o predispõe contra a realidade da *prática* política.

(III) – "No exame deste conceito (o conceito de Estado), Rousseau teve o mérito de estabelecer na base de Estado um princípio que, não somente em sua forma (como por exemplo o instinto social, a autoridade divina), mas ainda no seu conteúdo, é pensamento e mesmo é o pensamento, pois que é a vontade. Mas concebendo a vontade somente na forma definida da vontade individual (como mais tarde também Fichte) e a vontade geral não como o racional em si e para si da vontade, mas como a vontade comum que resulta das vontades individuais como conscientes, a associação dos indivíduos no Estado torna-se num contrato, que tem então por base sua vontade arbitrária, sua opinião e uma adesão expressa e facultativa, seguindo-se daí consequências ulteriores puramente conceituais, destruidoras do divino, existente em si e para si, de sua autoridade, de sua majestade absoluta. Chegadas ao poder, estas abstrações produziram

50 WEIL, E. "Jean-Jacques Rousseau et sa Politique". *Critique*, n. 56, 1952, p. 23.
51 *O.C.*, t. III, *Discours sur les sciences et les arts*, p. 30.

de um lado o mais prodigioso espetáculo visto desde que há uma raça humana: recomeçar *a priori* e pelo pensamento, a constituição de um grande Estado real, subvertendo tudo o que existe e é dado, e querer dar por base um sistema racional imaginado; por outro lado, não sendo mais do que abstrações sem Ideia, elas engendraram por sua tentativa os acontecimentos mais horríveis e mais cruéis"[52].

Não estaria Hegel deixando de levar em conta, neste texto, a distinção fundamental, estabelecida no *Contrato*, entre a *vontade geral* e a *vontade de todos*? "Há frequentemente muita diferença entre a vontade de todos e a vontade geral; uma só diz respeito ao interesse comum, a outra diz respeito ao interesse privado e não é mais do que uma soma de vontades particulares"[53].

(IV) – Depois de enumerar, no Capítulo 10 do Livro II do *Contrato*, as condições que tornam um povo *próprio para a legislação*, Rousseau declara: "Há ainda na Europa um país capaz da legislação: é a Ilha da Córsega. O valor e a constância, com os quais este bravo povo soube recobrar e defender sua liberdade, mereceriam bem que algum homem sábio lhe ensinasse a conservá-la"[54].

(V) – Também para Vaughan as mudanças propostas são *surpreendentemente* moderadas.

"Os vícios do governo e do sistema social polonês – diz ele – são captados por Rousseau sem reserva: a corrupção e desejo de harmonia que paralisavam o primeiro, a insolência e opressão em que se enredava o outro. Ainda assim, as mudanças positivas que ele propõe são surpreendentemente pequenas. Uma garantia de que a Coroa deve ser de fato eletiva; a nomeação do Senado ou de uma maioria dos seus membros pela Dieta e não pelo Rei; uma limitação do *liberum* veto; uma norma lançando toda taxação em proporção equitativa sobre o produto da terra; uma reforma em todo o sistema educacional do país; uma graduação elaborada no serviço público e na promoção, da base até o cume da administração. Estas são

52 HEGEL, G. W. F. *Principes de la Philosophie du Droit*. Trad. André Kaan. Paris: Gallimard, 1940, p. 191-192.
53 *O.C.*, t. III, *Du contrat social*, II, 3, p. 371.
54 *Id., ibid.*, II, 10, p. 391.

praticamente as únicas alterações tangíveis que ele deseja ver realizadas." [...] "E embora Rousseau possa ter subestimado a força da resistência que se oporia a elas, não há nada que possa ser claramente chamado de revolucionário nelas; nada que traia o estilo do fanático ou do sonhador"[55].

(VI) – *Núncios* são os representantes da nobreza no parlamento ou Dieta. Convém citar integralmente o severo juízo formulado sobre este sistema *aristocrático*:

"Que não se diga pois – escreve Rousseau – que o concurso do Rei, do Senado e da ordem equestre (a nobreza) é necessário para formar a lei. Este direito não pertence senão à ordem equestre, de que os senadores são membros como os núncios, mas na qual o Senado, como corpo, não entra. Tal é ou deve ser a lei do Estado da Polônia: mas a lei da natureza, esta lei santa, imprescritível, que fala ao coração do homem e à sua razão, não permite que se restrinja assim a autoridade legislativa e que as leis obriguem alguém que não tenha votado pessoalmente, como os núncios, ou pelo menos pelos seus representantes, como o corpo da nobreza. Não se viola impunemente esta lei sagrada e o estado de fraqueza a que se acha reduzida uma tão grande nação é obra desta barbárie feudal que exclui do corpo do Estado sua parte mais numerosa e, às vezes, a mais sadia"[56].

Convém lembrar ainda que, nas *Cartas da Montanha*, Rousseau considera que a "pior das soberanias é a aristocrática"[57].

(VII) – No verbete *Genève*, da *Encyclopédie* francesa, lemos a seguinte descrição da situação de Genebra no século XVIII:

"Distinguimos em Genebra quatro ordens de pessoas: os *cidadãos* que são filhos de burgueses e nascidos na cidade – só eles podem chegar à magistratura; os *burgueses* que são filhos de burgueses ou de cidadãos, mas nascidos em país estrangeiro ou que, sendo estrangeiros, adquiriram o direito de burguesia que o magistrado pode conferir – eles podem ser do Conselho Geral e mesmo do Grande Conselho chamado dos Duzentos; os *habitantes*, estrangeiros que têm permissão do magistrado para perma-

55 VAUGHAN, C. E. *The Political Writings*, v. II, op. cit., p. 377.
56 *O. C.*, t. III, *Considérations sur le gouvernement de la Pologne*, VI, p. 973.
57 *O. C.*, t. III, *Lettres écrites de la montagne*, VI, p. 809.

necer na cidade e que não fazem nada mais além disso; finalmente, os *nativos*, os filhos dos habitantes – eles têm alguns privilégios a mais do que seus pais, mas são excluídos do governo".

A respeito da participação das diferentes *classes* no poder, em Genebra, convém recorrer, por outro lado, ao importante artigo de Olivier Krafft sobre "As Classes Sociais em Genebra e a Noção de Cidadão", inserido na obra *Jean-Jacques Rousseau et son Oeuvre: Problèmes et Recherches* (Paris: Librairie C. Klincksieck, 1964). Quando Rousseau reivindica com orgulho o título de *cidadão* de Genebra, não pode deixar de ignorar o sentido *elitista* do termo. Por outro lado, ainda no século XVIII encontramos alguns genebrinos mais *radicais* do que Rousseau ou mais sensíveis aos *direitos do povo*. É o caso, por exemplo, de Turettini, citado por Krafft (p. 225), que declara: "Nossa República compreende aproximadamente trinta mil pessoas; com que direito quinhentas dentre elas se arrogam o poder de impor leis a toda a comunidade?".

CAPÍTULO I

Com a ajuda do discurso

Não apenas os discursos dos homens são diferentes de suas ações. Considerada globalmente, a própria República das Letras, na qual florescem artes e ciências, comanda um *grande e belo espetáculo*, capaz de seduzir o observador desprevenido. Mas um estrangeiro, que julgasse sobre os costumes europeus a partir deste espetáculo, faria deles uma ideia errônea, imaginando-os exatamente o "contrário do que são"[1]. Na realidade, assim como a *polidez* oculta alguma *disformidade* do indivíduo que a ostenta, as *guirlandas de flores* – as artes, as letras e as ciências – escondem verdadeiras *cadeias de ferro* que prendem os *cidadãos* desta República aparente. Cada um dos personagens que participa deste espetáculo de fogos de *artifício* é o oposto, na sua ação, daquilo que proclama. A polidez, que se afirma como reflexo de uma boa disposição do coração, não passa de um instrumento por meio do qual os "cidadãos" da

1 *O.C.*, t. III, *Discours sur les sciences et les arts*, p. 9.

República das Letras dissimulam seus verdadeiros desígnios. As artes e as letras só tornam os homens mais "sociáveis, inspirando-lhes o desejo de se agradarem uns aos outros" na medida em que os fazem "amar sua escravidão", servindo às "Potências da Terra"[2]. A educação que nossas ciências patrocinam "orna nosso espírito" mas "corrompe nossos juízos"[3]: as *luzes*, na realidade, não passam de trevas. A própria trajetória do espetáculo no seu conjunto é contraditória: ela se anuncia como um florescimento, mas evolui como corrupção dos costumes.

Compreende-se, então, que o conhecimento do homem ou da sociedade se organize como uma operação de *desmascaramento*. É porque o homem social é *mascarado* que uma das primeiras lições da boa pedagogia consiste em um treinamento contra o prestígio das máscaras, diante das quais toda criança se assusta.[4] Conhecer é tornar manifesto o homem que os ornamentos escondem, é proceder à operação inversa da dissimulação. Compreende-se ainda que a operação comece por colocar sob suspeição os *livros*, este modo sofisticado do dizer dos homens. Mentirosos como os discursos orais, devem ser eles postos de lado e, se queremos conhecer a *História do Homem*, precisamos consultar algo que está para além de todo dizer humano; precisamos nos voltar para o *livro* metafórico da Natureza que não mente nunca.[5] Como não duvidar, porém, da pretensão mesma de um tal projeto? Como é possível com o auxílio de uma nova *máscara*, de um novo *livro*, dizer o que os livros e o *dizer* em geral ocultam?

Neste processo de dissimulação que o primeiro *Discurso* descreve não é o *objeto* que se mascara obedecendo a um movimento

2 *Id.*, *ibid.*, p. 7.
3 *Id.*, *ibid.*, p. 24.
4 *O. C.*, t. IV, *Émile*, I, p. 283. Vide ainda, *O. C.*, t. II, *Julie, ou La Nouvelle Héloïse*, II, 14, p. 236.
5 *O. C.*, t. III, *Discours sur l'origine de l'inégalité*, p. 133; *O. C.*, t. IV, *Émile*, III p. 480.

exclusivo. A dissimulação resulta de uma metamorfose que é, em primeiro lugar, do próprio *sujeito*.

> "O que há de mais cruel ainda é que todos os progressos da Espécie humana distanciando-a sem cessar de seu estado primitivo, mais nós acumulamos novos conhecimentos, mais nós nos privamos dos meios de adquirir o mais importante de todos (o conhecimento do homem)[6] e que é, em certo sentido, *por força de estudar o homem que nós nos colocamos fora de estado de conhecê-lo*"[7].

Se o homem se corrompe e se a sua própria imagem se desfigura é, em grande parte, graças ao predomínio das suas falsas *luzes*. Se há mentira nos livros não é apenas em virtude da má fé dos letrados, mas antes de tudo porque as *letras* são obstáculos que bloqueiam sua visão. Como é possível ler o livro da *Natureza* situado, como está, a uma distância tão grande dos nossos olhares cultivados? Como *escrever* um "*discurso*" *sobre a origem* se nossos discursos contribuem para tornar a origem impensável?

É certo que a fraude da República das Letras pode aparecer com a força de uma evidência perante os olhos menos *letrados* de nosso *cidadão*, oriundo de uma República menos corrompida, onde o bem-fazer prima sobre o bem-dizer. Mas o modelo em função do qual se faz a denúncia não é ele próprio ainda uma *máscara* do homem? Como pretender falar da gênese do *homem* e traduzir para um livro a mensagem da Natureza se a própria condição comunitária em que nos encontramos submersos é que não nos permite ver para além das máscaras? Vejamos como prossegue a pequena *história* das ideias do autor, narrada *por ele mesmo*, cuja leitura inicia-

6 *O.C.*, t. III, *Discours sur l'origine de l'inégalité*, p. 122.
7 *Id.*, *ibid.*, p. 122-123 (grifo nosso).

mos na introdução. A oposição dizer/fazer tem como *causa* – dizia Rousseau – a oposição ser/parecer, cuja *causa*, por sua vez, devia ainda ser procurada.

> "Eu a encontrava – continua o texto – em nossa *ordem social* que, em todos os pontos contrária à *natureza* que nada destrói, tiraniza-a sem cessar e sem cessar lhe faz reclamar os seus direitos. Segui esta contradição nas suas consequências e vi que ela sozinha explicava todos os vícios dos homens e todos os males da sociedade"[8].

As oposições entre ser e parecer, agir e falar, são apenas consequências da contradição básica entre as exigências da vida em sociedade e os impulsos naturais. É verdade que o texto fala da nossa ordem social. Seria possível imaginar uma ordem social que não fosse *oposta* à natureza? Não é este precisamente o projeto que o *Contrato* executa? Sem nos adiantarmos na interpretação da solução dada a este problema podemos, porém, desde já, considerar que a conciliação entre os dois termos só se pode dar no quadro de uma *diferença* irredutível. Se é verdade, por outro lado, que as sociedades ditas primitivas apresentam o espetáculo de uma *maneira de viver* dos homens que pode servir de modelo para se imaginar sua condição *natural*, não podemos nos esquecer todavia de que este espetáculo funciona como simples indício e que todo o esforço de Rousseau parece dirigido no sentido de conceber a existência no ambiente natural como radicalmente diferente da vida em sociedade. A principal crítica que ele dirige aos filósofos e aos jusnaturalistas não é precisamente a de não serem suficientemente radicais na concepção deste estado primitivo, projetando para o homem natural atributos que são próprios do homem vivendo

8 *O.C.*, t. IV, *Lettre à Christophe de Beaumont*, p. 966-967.

em sociedade?[9] A própria passagem de um estado para o outro parece implicar, nestas condições, numa descontinuidade radical e a distância entre o homem das primeiras sociedades e o civilizado parece ainda menor do que a que separa o *selvagem* do homem *natural*. Se nas primeiras *associações* não há ainda uma contraditoriedade entre os impulsos originais e as exigências da vida coletiva, já assistimos, entretanto, no homem das primeiras sociedades, a uma *diferenciação* nos princípios que orientam seu comportamento, que se agrava gradativamente com a consolidação das relações sociais e o consequente desenvolvimento das suas faculdades virtuais.

Ora, a passagem para o estado *civil* e o ingresso na nova ordem correspondem à passagem de um estado de não-linguagem para um estado de linguagem. Ao contrário de Condillac, Rousseau coloca em questão a existência de alguma forma de sociedade antes do *estabelecimento* das línguas: a própria instituição da sociedade parece supor a linguagem. De onde o círculo da origem: "qual foi mais necessária, a sociedade já ligada para a instituição das línguas ou as línguas já inventadas para o estabelecimento da sociedade?"[10]. Se nossas *letras* refinadas tornam ilegível a escrita do livro que *não mente nunca* é porque os *sons* da fala de convenção começaram, ao que parece, por nos distanciar de um estado de imediata e silenciosa comunicação com a Natureza, tornando-nos surdos à sua *Voz*. Neste longo processo de afastamento que culmina com a contradição natureza/sociedade, são os signos de instituição – falados, primeiro, escritos, depois – que parecem operar como veículos principais. A gênese das nossas faculdades e das nossas *luzes*, que o segundo *Discurso* reconstitui paralelamente à genealogia dos nossos vícios ou

9 *O.C.*, t. III, *Discours sur l'origine de l'inégalité*, p. 132. Vide, ainda, PORSET, Ch. (Éd.). *Essai sur l'Origine des Langues où il est parlé de la Mélodie et de l'Imitation Musicale*. Bordeaux: Ducros, 1970.

10 *O.C.*, t. III, *Discours sur l'origine de l'inégalité*, p. 151.

dos nossos *preconceitos*, tem na "perfectibilidade"[11] a sua condição de possibilidade e, nos signos convencionais, um dos seus meios de realização. São eles que propiciam a passagem da animalidade à humanidade ou das *puras sensações* primitivas às *ideias*:

> "[...] as ideias gerais não podem se introduzir no Espírito senão com *a ajuda das palavras* e o entendimento não as apreende senão *por meio de proposições*. É uma das razões pelas quais os animais seriam incapazes de formar em si tais ideias, nem jamais adquirir a perfectibilidade que daí depende. [...] É preciso pois proposições; é preciso pois falar para ter ideias gerais; pois assim que a imaginação se detém, *o espírito não caminha mais a não ser com a ajuda do discurso*"[12].

Se há um paradoxo do discurso teórico, assim é porque há um círculo do discurso na sua origem. Para tentar compreendê-lo, devemos nos voltar para a *teoria da comunicação*, cuja exposição no *Ensaio sobre a Origem das Línguas* nos leva a destacar este texto a exemplo do próprio autor, do contexto do *Discurso sobre a Desigualdade* ao qual ele parecia primitivamente destinado. É esta teoria que devemos interrogar se pretendemos dar conta desta ambiciosa *ciência do homem*, deste discurso *teórico* singular, que, ao pretender pensar o homem, parece realizar a impossível façanha de obter, com a ajuda desta espécie particular do instrumento de perversão da comunicação que parece ser o discurso em geral, nada mais, nada menos do que a reabilitação da comunicação. Devemos primeiro tentar defini-lo para poder compreender toda a ambiguidade da sua *ajuda*.

Para compreender o regime de diferenciação, para penetrar na lógica própria à variação da *forma* da língua ou para explicitar as

11 *Id.*, *ibid.*, p. 142.
12 *Id.*, *ibid.*, p. 149-150.

regras do uso da linguagem – objeto que polariza nossa atenção – é necessário obedecer ao esquema do *Ensaio* e indagar, em primeiro lugar, em que consiste a própria *fala*, que *distingue o homem entre os animais*. É necessário determinar a *ordem do discurso* ou definir o conceito deste modo de expressão para compreendê-lo nas suas diferenciações, tanto no que diz respeito à sua forma quanto no que se refere ao seu múltiplo emprego. Deixemos de lado as *línguas* e sua proliferação, assim como *a melodia e a imitação musical* de que também nos *falam*[13] para nos concentrarmos nesta reflexão da fala sobre si mesma, neste mergulho vertiginoso na noite da origem, cuja representação escrita se estende ao longo dos primeiros sete capítulos deste tímido *Ensaio*. (I)

Uma oposição análoga àquela que separa *dizer* e *fazer* parece comandar a análise da linguagem, que busca, nesta primeira etapa, determinar o que "convém às línguas primitivas em geral e aos progressos que resultam de sua duração"[14].

Os homens se distinguem dos animais pela sua capacidade de *falar* e se distinguem uns dos outros pelas diferentes *línguas* nacionais de que se servem. O problema que se coloca é o de saber quais os fatores responsáveis por estas *variações* na forma da língua. Para identificá-los torna-se necessário proceder a um *recuo analítico* radical, que nos reconduza simbolicamente às *origens* da própria fala, a qual, sendo a "primeira das instituições sociais" deve sua "forma somente a causas naturais"[15]. Antes do estudo das variações na forma da língua, Rousseau se dedica à construção do modelo formal da expressão por meio de signos a partir da determinação das condições de possibilidade da comunicação entre os homens.

13 ROUSSEAU, J.-J. *Essai sur l'Origine des Langues où il est parlé de la Mélodie et de l'Imitation Musicale*, Op. cit.
14 *O.C.*, t. V, *Essai sur l'origine des langues*, VIII, p. 394.
15 *Id.*, *ibid.*, I, p. 375.

Sendo dois os sentidos mais eficazes como meios de *ação*[16] sobre outrem – o sentido da visão e o sentido da audição – a língua *natural* é concebida segundo duas modalidades diferentes. Temos de um lado a *língua do gesto*, que se utiliza de signos gestuais ordenados no espaço e dirigidos ao sentido da visão e, de outro, a *língua da voz*, que se serve dos sons e os articula no tempo, tendo como órgão *passivo* o sentido da audição.

Diferentes quanto aos órgãos de que se servem, a língua do gesto e a da voz são também diferentes no que diz respeito à sua capacidade expressiva. Se as considerarmos segundo o critério da *clareza* ou *exatidão* da informação transmitida, concluiremos pela maior capacidade expressiva da língua do gesto que é mais *fácil* e *depende menos de convenções*. Mais difícil e mais convencional, a língua da voz é igualmente, deste ponto de vista, menos expressiva: as *figuras* da língua do gesto têm "mais variedade que os sons" e são também "mais expressivas".[17] Além disso, são mais econômicas, pois *dizem mais em menos tempo*. Uma língua, que tem como meio próprio o espaço, presta-se paradoxalmente a uma economia do *tempo* e é nesta propriedade econômica das figuras gestuais que parece residir a virtude mais específica deste modo do discurso. Desta capacidade própria à língua do gesto, o *Ensaio* nos apresenta alguns exemplos retirados sobretudo da *História Antiga*, onde proliferam estas *maneiras de argumentar aos olhos*. O que os "antigos diziam o mais vivamente, eles não o exprimiam por palavras, mas por signos; eles não o diziam, eles o mostravam". Diógenes pondo-se a caminhar diante de Zenão não falava melhor do que com palavras?[18]

16 *Id.*, *ibid.*, I, p. 375.
17 *Id.*, *ibid.*, I, p. 376.
18 *Id.*, *ibid.*, I, p. 376.

Menos *exata* do que a língua do gesto, a fala constitui, entretanto, um meio de *ação* sobre outrem muito mais eficaz. Agindo por meio de impressões que se sucedem no tempo, a fala provoca uma emoção muito mais viva do que a presença mesma do objeto, apreendida por um simples "golpe de vista"[19]. Podemos então concluir que os signos visíveis *tornam* a imitação *mais exata*, *mas que* o interesse *se excita melhor pelos sons*.

Dois são assim os *valores* em função dos quais é medida a eficácia comunicativa. A comunicação se faz tendo em vista seja a transmissão de uma mensagem relativa, digamos, ao mundo *objetivo*, seja tendo em vista a transmissão de uma mensagem relativa ao mundo *subjetivo*. Estas duas línguas, a do gesto e a da voz, são também determinadas, poucas páginas adiante, como sendo mais adequadas seja à expressão de *pensamento*, seja à expressão de *sentimentos*. Ou ainda: a língua do gesto é mais adequada à expressão dos *besoin* e a da voz à expressão da *passion*.

É a mesma oposição, por outro lado, que parece presente na análise da diferença entre a *fala* e a *escrita*. É o que vemos em um texto fundamental:

> "A escrita, que parece ter de fixar a língua, é precisamente o que a altera; ela não muda suas palavras, mas seu gênio; ela substitui a expressão pela exatidão. Exprimimos seus sentimentos ao falar e suas ideias ao escrever. Escrevendo, somos obrigados a tomar todas as palavras na acepção *comum*, porém, aquele que fala varia as acepções pelos tons, determina-os como lhe apraz; menos compelido a ser claro, dá maior importância à *força*, e não é possível que uma língua que se escreve conserve por muito tempo a vivacidade daquela que é somente falada. Escrevemos as vogais, não os sons; ora, numa língua acentuada, são os sons, os acentos, as inflexões de

19 *Id.*, *ibid.*, I, p. 377.

todos os tipos que dão maior energia à linguagem e tornam uma frase, alhures *comum*, *própria* apenas ao lugar em que se encontra".[20]

As categorias da *exatidão* e da *expressão* – ou *imitação* ou *força*, etc. – são os instrumentos de que também nos servimos para pensar as diferenças entre os dois novos sistemas – a fala e a *escrita* – cuja comparação se faz no Capítulo 5, intitulado *De l'Écriture*. (II)

Comparada a estes dois outros modos de discurso – o *gesto* e a *escrita* – a fala ou língua da *voz* aparece com o privilégio da *força* persuasiva. Com a sua evolução, assistimos, por outro lado, a uma perda ou a um desgaste desta força. Metafórica, figurada e poética, nas suas origens, a fala se altera, torna-se mais articulada e busca a *exatidão* – sob a influência perniciosa da escrita e da evolução dos costumes – perdendo, em suma, a sua *força*:

> "Nos tempos antigos em que a *persuasão* funcionava como *força pública*, a eloquência era necessária. De que serviria ela hoje quando a força pública supre a persuasão? Não se necessita nem de arte nem de figura para dizer: *este é o meu prazer*. Quais os discursos que ainda restam para fazer ao povo reunido? Sermões. E o que importa, àqueles que os fazem, persuadir o povo uma vez que não é o povo que distribui os benefícios? As línguas populares tornaram-se para nós tão perfeitamente inúteis quanto a eloquência".[21]

Esta mesma oposição opera, por outro lado, na análise da música e serve para a medida das diferenças entre *melodia* e *harmonia*, como mostra o importante Capítulo 14 do *Ensaio* – *De l'Harmonie*. Basta lembrar que a *força* das *imitações musicais* nasce da *melodia*, definida diferencialmente com relação à *harmonia* como uma "lin-

20 *Id.*, *ibid.*, V, p. 388.
21 *Id.*, *ibid.*, XX, p. 428.

guagem inarticulada, mas viva, ardente e *apaixonada*", mais *enérgica* do que a própria fala.[22]

*

Estas oposições, por meio das quais é descrito o processo de *gênese* e corrupção das línguas e da música, parecem ocupar no interior do *sistema* uma posição simétrica a outras oposições operando em outros níveis do discurso rousseauniano como a oposição natureza/sociedade, soberania/representação, etc. – todas elas reguladas por uma outra oposição, mais fundamental, cujos termos poderiam ser designados, metaforicamente, de *Natureza* e *Suplemento*, como propõe Derrida em *De la Grammatologie.*

O *Suplemento*, esta estrutura "quase inconcebível para a razão", nos termos do próprio Rousseau, parece constituir, no discurso rousseauniano, o elemento por meio do qual e no interior do qual se processa a passagem para uma linguagem devastadora do código restrito da Metafísica.[23] Ato falho no discurso da Metafísica, o discurso rousseauniano operaria de maneira radical, embora sub-reptícia, a desestruturação do código clássico, substituindo, à relação de *oposição ideológica* própria da Metafísica, a noção de uma relação de suplementariedade por meio da qual são pensadas todas as oposições pertinentes. Uma *cadeia de suplementos*, que se multiplicam ao *infinito*, *trabalha* certamente este texto e o jogo do suplemento parece indicar – sem dúvida, além da metafísica da presença – e liquidar a miragem da *coisa mesma*, *da presença imediata*, *da percepção originária.*

22 *Id.*, *ibid.*, XIX, p. 416.
23 DERRIDA, J. *De la Grammatologie.* Paris: Minuit, 1967, p. 221.

A *imediatez é derivada* e tudo *começa pelo intermediário*, sendo isso, justamente, o que é "*inconcevable à la raison*"[24].

Do ponto de vista *metodológico*, a principal crítica à leitura de Derrida é a de que ele não retira do próprio texto do *Ensaio* os princípios de leitura dos diferentes *discursos*. Ele faz o caminho inverso, o que compromete parcialmente suas conclusões. Palavras-chave como *origem* e *natureza*, por exemplo, cuja presença frequente no texto de Rousseau parece fazê-lo, aos olhos de Derrida, ainda um prisioneiro da problemática clássica, da qual escaparia apenas em parte e de maneira oblíqua, não devem ser lidas, talvez, segundo o código da Metafísica clássica: a explicitação do seu uso parece igualmente dependente da lógica do *suplemento*. A presença nos textos destes termos comprometidos explicar-se-ia, provavelmente, pelo fato de que o autor não parecia preocupado em constituir uma nova língua, mas em usar da velha para fazê-la veicular significações novas.

A partir do texto do *Ensaio* recoloca-se, por conseguinte, o problema da situação do discurso rousseauniano relativamente à época da Metafísica, situação aparentemente paradoxal já que o discurso de Rousseau aparece, ao mesmo tempo, dentro e fora desta época. Mas não é este o problema que agora nos interessa. O que importa é tornar explícito o modo geral de operação do discurso. Mas vejamos mais de perto este conceito de *suplemento*. Em vários textos a palavra aparece com frequência desempenhando neles, ao que parece, uma função *epistemológica* análoga. Tanto nas *Confissões*, quando descreve e interpreta suas *perversões*, como em textos, por exemplo, políticos, em que discute as relações entre a política e a escritura, Rousseau faz um uso análogo do termo *suplemento* por meio do qual procura exprimir o processo substitutivo presente em

24 *Id.*, *ibid.*, p. 226.

toda *perversão*, seja ela sexual, histórica ou política. A consulta aos textos torna possível, segundo parece, a definição de uma estrutura de suplementariedade neles operante e que pode ser formalmente descrita nos seguintes termos: a *natureza*, termo tão frequente nos textos e associado claramente a termos como *mãe* e *mulher*, possui uma estrutura *contraditória* no sentido de que reclama e recusa, por assim dizer, simultaneamente, uma *suplementação* como se ela, ao mesmo tempo, se bastasse ou não a si mesma. Este suplemento à *natureza* terá assim um estatuto necessariamente duplo ou uma ambivalência radical. Da viva *voz* à morte na escrita, por exemplo, há uma relação de suplementação difícil de definir, tal como ocorre na relação entre termos como *natureza* e *sociedade*, "*pitié*" e *amor-próprio representado* e *representante*, que aparecem em outros contextos. Achamo-nos então diante de *duas espécies de suplementariedade* ou, por outras palavras, o conceito de suplemento apresenta duas faces distintas e aparentemente até mesmo contraditórias.

> "[...] o conceito de suplemento – que determina aqui aquele de imagem representativa – abriga em si significações cuja coabitação é tão estranha quanto necessária. O suplemento se acrescenta; ele é um acréscimo (*surplus*), uma plenitude enriquecendo uma outra plenitude, o cúmulo da presença. Ele cumula e acumula a presença. Assim é que a arte, a *tecné*, a imagem, a representação, a convenção, etc., vêm em suplemento da natureza e enriquecidas com toda esta função de *cúmulo*"[25].

Eis a primeira espécie de suplementariedade.

Mas há ainda uma outra: o suplemento *supre*. Ele não se acrescenta a não ser para substituir. Ele intervém ou se insinua *no-lugar-de*; se ele cumula, na realidade, é como se cumulasse um vazio. Se

25 *Id.*, *ibid.*, p. 208.

representa e faz imagem, é pela carência anterior de uma presença. Suplente e vicário, o suplemento é um adjunto, uma instância subalterna que *ocupa-o-lugar* (*tient-lieu*). Enquanto substituto, ele não se acrescenta simplesmente a positividade de uma presença, não produz nenhum relevo; seu lugar é assinalado na estrutura pela marca de um vazio. Em alguma parte, alguma coisa não se preenche *por si mesma*, não pode se cumprir a não ser deixando-se cumular por signo e procuração. O signo é sempre o suplemento da *coisa mesma*.[26] Estas duas funções acham-se operantes em diferentes textos de Rousseau e reaparecem no *Ensaio*. O que há de comum a ambas é que o suplemento é necessariamente *exterior*, isto é, quer se acrescente, quer se substitua o suplemento, é estrangeiro àquilo que, para ser por ele substituído, deve ser outro que ele. À diferença do *complemento*, dizem os dicionários, o suplemento é uma *adição exterior*. Ora, para Rousseau, ao que parece, a *negatividade do mal* terá sempre a forma desta suplementariedade e o mal aparecerá sempre, segundo Derrida, sob a forma de um acontecimento vindo *de fora e afetando do exterior*,[27] *uma natureza* em si mesma inocente e boa. Assim, no plano da história, ao estado de plenitude que o segundo *Discurso* descreve em sua primeira parte e que se caracteriza pela ausência do mal ou pela plena adequação do indivíduo ao todo de que faz parte, sucede-se, como um acidente provocado de fora, a degeneração histórica, a corrupção do amor de si em amor-próprio, as desigualdades de convenção entre os homens, os privilégios econômicos, sociais e políticos, um estado de guerra generalizado e, finalmente, o triunfo do *despotismo*, último grau de corrupção e ponto final do ciclo evolutivo. Todo este longo e ambivalente

26 *Id.*, *ibid.*, p. 208.
27 O mal vem do exterior? É o que pensa também GOUHIER, H. *Les Méditations Métaphsiques de Rousseau*. Paris: J. Vrin, 1970, p. 17.

processo de *aperfeiçoamento* e degeneração, ativado pela *imaginação*, que arranca as demais *faculdades* humanas do seu estado virtual, parece, com efeito, só poder ser descrito por intermédio de uma lógica que rompe radicalmente com o princípio de identidade. O papel da imaginação em todo este processo, de acordo com a interpretação de certo texto do *Emílio*, é fundamental, caracterizando-se esta faculdade, essencialmente ambivalente, por três formas diferentes: 1ª) ela é essencialmente concebida como *différence*; 2ª) por sua (da imaginação) relação com a natureza ser definida em termos de *distância negativa*, não podemos nem partir nem voltar a esta última, mas somente tentar reduzir a distância; 3ª) finalmente, característica que mais interessa no momento, "a imaginação, que excita as outras faculdades virtuais, não deixa de ser uma faculdade virtual: *a mais ativa de todas*. Assim como esse mesmo poder de transgredir a natureza existe na natureza"[28].

A complexidade para a qual nos apontam as descrições desta gênese não pode ser expressa apropriadamente por meio de um esquema linear. O momento da escritura corresponde, com efeito, na duração da fala, a um estágio de evolução que se caracteriza por uma perda quase total de força vital. Com a *articulação* crescente da fala verifica-se efetivamente uma perda do vigor que certos textos descrevem como próprio de uma fala que, nas suas origens, é muito mais *neuma*, sopro inarticulado, do que linguagem (no sentido corrente da qual parece inseparável a noção de articulação).[29] Da inarticulação à articulação, da voz à escrita, parece, com efeito, presente o mesmo processo de degeneração que conduz da *República*, do império das leis ou da soberania da *vontade geral* à usurpação da soberania pelo executivo, à anarquia e ao despotismo, em suma, à

28 DERRIDA, J. *De la Grammatologie*, op. cit., p. 264.
29 *Id.*, *ibid.*, p. 353.

"morte" do corpo político.[30] Por outras palavras: a corrupção e a *morte* resultam de uma má *representação* do representante, que abandona sua condição subalterna e passa a ocupar o lugar do representado.

As coisas se passam, porém, de maneira um pouco mais complexa. Cada uma das oposições dicotômicas que presidem ao desenvolvimento da fala – uma das séries associada ao *instinto de vida* e a outra às potências de morte – assumem valores díspares e suas posições parecem poder ser indiferentemente trocadas. A articulação e a escritura, por exemplo, podem ser vistas ao mesmo tempo como fatores negativos que se inscrevem na fala consumando sua degenerescência ou como fatores positivos que conduzem a seu amadurecimento. Por outro lado, ao mesmo tempo em que *declara* no ponto zero da série uma origem pura ou uma natureza ainda não trabalhada pelo mal, ao *descrever* os primeiros tempos ou a passagem deste estado para o momento seguinte, Rousseau, fazendo operar de maneira quase inconsciente a lógica do suplemento, mostra a originariedade da articulação e da escritura como se desde sempre a fala fosse trabalhada pela escritura, como se desde sempre, fosse impossível uma presença pura ou um significado fundamental despojado de todo significante. Vemos então o próprio fim transformado no começo, a escritura, morte da fala, convertida na sua origem. Não há nem fala, nem canto, nem música antes da articulação. "*O grito da natureza*" (segundo *Discurso*), "os simples sons que saem naturalmente da garganta" (*Ensaio*, IV) não fazem uma língua porque a articulação ainda não entrou em jogo aí... *A língua nasce pois dos processos de sua degenerescência.* Eis por que, para traduzir a *démarche descritiva* de Rousseau, que não quer restaurar fatos mas medir uma distância, é talvez imprudente chamar de grau zero ou origem simples aquilo a partir de que a distância é

30 *O.C.*, t. III, *Du contrat social*, III, 11, p. 424.

medida e a estrutura desenhada. O grau zero e a origem implicam que o começo seja simples, que não seja também a *amorce* de uma degenerescência, que ele possa ser pensado na forma da presença em geral, que ela seja ou não presença modificada, acontecimento passado ou essência permanente. "Para falar de origem simples, seria preciso também que a distância possa se medir sobre um eixo simples e em um só sentido".[31] Ora, nada nas descrições autoriza, ao que parece, uma interpretação deste tipo. O que nos coloca, por conseguinte, diante de uma *décalage* entre aquilo que Rousseau *declara* sobre a origem e as suas próprias *descrições*. Sem pretender dizê-lo – pretendendo dizer justamente o contrário – Rousseau mostra por conseguinte a presença originária da estrutura de suplementariedade ou a originariedade de uma *diferença* que contamina desde sempre toda presença.

Ainda não liberado inteiramente dos esquemas da *ontoteologia* Rousseau diz uma coisa e mostra ou *faz* outra. No interior do próprio texto do *Ensaio* seria possível, assim, assinalar a repetição da oposição entre o falar e o *agir*, que o nosso primeiro capítulo encontrou em outros planos do discurso. Mas esta distinção entre aquilo que Rousseau declara como sendo puro, originário, natural e a descrição que ele faz deste pretenso momento de plenitude, não seria reclamada pela própria lógica do discurso rousseauniano? Não é a própria lógica do suplemento que exige esta disparidade entre declaração e descrição? Rousseau descreve *o que ele não gostaria de dizer: que o* progresso *se faz tanto em direção do pior como em direção do melhor. Ao mesmo tempo. O que anula a escatologia e a teleologia, da mesma forma como a diferença – ou articulação originária – anula a arqueologia*. Mas o que significa aqui precisamente este desejo de dissimulação? Pois é bem de dissimulação que se trata. Rousseau

31 DERRIDA, J. *De la Grammatologie*, op. cit., p. 345.

afirma e nega ao mesmo tempo o caráter originário da estrutura de suplementariedade ou, vice-versa, afirma e nega, simultaneamente, a possibilidade de uma plenitude da presença. Não seria justamente pelo fato de ser *inconcebível à razão* que a estrutura de suplementariedade não pode deixar de ser pensada segundo dois códigos aparentemente contraditórios, mas que na realidade constituem, um para o outro, *suplementos* indispensáveis? Seria necessário, antes de classificar certos textos nos quais Rousseau declara a plenitude de uma presença originária como textos que se inscrevem na problemática própria da Metafísica, indagar se a própria leitura destes textos não pressupõe algumas premissas retiradas da teoria do discurso exposta no *Ensaio*.

*

Duas longas séries opostas de termos opostos podem, assim, ser recortadas ao longo do texto do *Ensaio*. Temos de um lado a *paixão*, o *sentimento*, o *inarticulado*, a *figura*, a *metáfora*, a *força*, etc. De outro, o "*besoin*", o *pensamento*, a *articulação*, a *ideia*, a *exatidão*, a *clareza*, etc. Estas duas séries, por outro lado, poderiam ser designadas pelos termos opostos, que aparecem com frequência em diferentes contextos da obra, de *persuasão* e *convicção*.

Observemos que, falando da *língua primitiva*, Rousseau declara ainda que "ao invés de *argumentos* ela teria *sentenças*, ela persuadiria *sem convencer* e *pintaria* sem *raciocinar* [...]"[32].

Achamo-nos, então, diante de duas *dimensões* autônomas do dizer. A oposição que se observa entre o dizer e o fazer acha-se presente no interior do próprio dizer, considerado em suas diferentes modalidades. Ao lado de um dizer *forte* que visa a *persuasão*

32 *Id.*, *ibid.*, p. 53.

– e que, por este motivo, é um quase-fazer – nós temos um dizer fraco que visa simplesmente produzir a *convicção*, buscando apenas impor-se perante a *razão* do interlocutor. Ora, não poderia a diferença entre os níveis do discurso *escrito* ser pensada igualmente a partir do jogo desta mesma oposição? Por outras palavras: a escrita estaria constituída a partir da mesma bipartição. Teríamos, então, uma escrita conduzida sobretudo pela busca da convicção e outra essencialmente persuasiva. O que implica, em primeiro lugar, numa hierarquização entre os níveis do discurso escrito. Este discurso é suscetível de variação entre dois termos extremos: um de máxima eficácia e outro em que a eficácia é quase nula.

Mas se as relações entre os diferentes modos do dizer e da escrita podem ser pensadas em termos de maior ou menor eficácia persuasiva é porque o próprio dizer já é pensado, em sua essência, como constituído por um movimento de *empobrecimento* de uma certa *força* ou de um certo *fazer* originário e pré-discursivo. A linguagem escrita, no seu uso *teórico* – cujas regras de constituição resta ainda desvendar – estaria para a linguagem no seu uso *prático*, assim como o *discurso* está para aquilo que é anterior a todo discurso. Ou seja: a passagem de um para outro, do prático para o teórico e do não-discursivo para o discursivo, deve ser determinada segundo o esquema de uma *queda*.

Que a emergência do discurso corresponda a uma perda de força é o que podemos comprovar considerando a análise das diferenças entre a *animalidade* e a *humanidade* a que procede, em sua primeira parte, o *Discurso sobre a Desigualdade*. Quais as propriedades distintivas do homem, considerado relativamente ao animal? Em primeiro lugar, a *liberdade*.

> "A natureza manda em todos os animais, e o *bicho* obedece. O homem sente a mesma impressão, mas se reconhece *livre para aquiescer ou para*

resistir, sendo sobretudo na consciência dessa liberdade que se mostra a espiritualidade de sua alma, pois a física explica de certa maneira o mecanismo dos sentidos e a formação das ideias; mas, na faculdade de querer, ou melhor, de escolher, e no sentimento dessa faculdade só se encontram atos puramente espirituais, dos quais nada se explica pelas leis da mecânica"[33].

Na perfeita mecânica da Natureza, pensada segundo o modelo da plena eficácia de uma *ordem* que se conserva, por assim dizer, por conta própria, utilizando-se do animal como de mero suporte passivo, introduz-se uma brecha. Uma outra totalidade com seu modo próprio de funcionamento corresponde à *ordem* ou à *desordem* humana. À presteza com que se cumpre a ação, no plano animal, se opõe o tempo lento da ação humana. Entre o *estímulo* e a *resposta* se interpõe o momento da *consciência* livre, filtro através do qual se compõem os comportamentos. E se *o homem que medita é um animal depravado* é porque o humano ou a ordem especificamente humana se define como constituída por esta depravação originária, que se caracteriza como uma independência frente às *leis da mecânica*.

Dada a *liberdade* humana, nós temos, pois, duas situações diferentes no que diz respeito ao relacionamento com a Natureza. Uma, de pleno automatismo. Às ordens da Natureza, o animal responde segundo um aparato preestabelecido: a plena eficácia corresponde ao funcionamento de uma ordem quase mecânica sem brechas. A liberdade altera esta relação. Com ela, surge a possibilidade de não-obediência às ordens da Natureza; em virtude desta situação de base, a ordem adquire um novo sentido. A liberdade converte o puro mecanismo numa ordem *jurídica*: às *leis da Mecânica* que não podem ser em hipótese alguma infringidas, sucedem-se os impera-

33 *O.C.*, t. III, *Discours sur l'origine de l'inégalité*, p. 141-142.

tivos que *devem* ser respeitados. Por outro lado, na medida em que a liberdade é entendida como começo absoluto, o homem é o ser que, ao contrário do animal, pode se substituir à Natureza. Abandonado a si mesmo, ao seu *juízo*, o homem é obrigado a garantir sua sobrevivência por *iniciativa própria*. Se a Natureza faz quase tudo sozinha *no animal*, o homem se substitui a ela. Observe-se, por outro lado, que a *substituição da Natureza* é o que parece definir essencialmente o *artifício*.

Com a passagem para o estado civil e para o plano da linguagem articulada, o homem supera a *animalidade* que caracteriza o seu estado primitivo. A emergência da linguagem, por conseguinte, conduz a uma perda da imediação original e a uma *ordem* de menor eficácia. Uma fratura se processa por intermédio da linguagem. É com a linguagem que as águas de dois universos se separam, que se marcam as fronteiras entre o particular e o geral. No estado primitivo a unidade do homem é também, e principalmente, unidade de visão; é olhar único, diante do qual se dispõe um objeto límpido, cristalino, com campo visual unificado. A esta unidade se substitui uma grande cisão visual, simétrica à do campo de visão, uma incurável vesguice tornada possível a partir do momento em que os signos de instituição se intrometem em nosso aparelho mental, abrindo, certamente, um horizonte visual inesperado, mas embaralhando a visão pela brusca distorção a que o olhar é condenado.

A história posterior a esta fratura, a nossa história – de que o *Discurso* descreve a gênese – será uma história de novas fraturas provocadas pelos ecos retardados da primeira explosão e que se somam à primeira fenda, acabando, pouco a pouco, por consumar, com o culto do livro, o desligamento definitivo dos dois universos. Mais do que isto. Conduzindo a uma total inversão da situação inicial, pois o livro acaba por se substituir ao real, acaba por ser mais real do que o real. Reconstitui-se assim, de forma tirânica, e em favor do *inteligível* a unicidade do olhar e a unidade do campo visual.

Se com a perda da imediação se produz uma situação de menor eficácia para o todo, há, por outro lado, uma compensação. Com este afastamento, adquirimos, ao mesmo tempo, a faculdade de captar relações e, pois, de reconstituir a "*Ordem*" reinante entre os seres. A *razão* é definida, justamente, como a capacidade de apreender relações. "A razão é a faculdade de ordenar todas as faculdades de nossa alma de modo conveniente com a natureza das coisas e com suas relações conosco"[34]. Faculdade dotada de uma função diretora porque é capaz de apreender as verdadeiras relações. Quer nos primórdios de seu desenvolvimento, quer na sua maturidade, ela é sempre capacidade de captar relações. Rousseau distingue, assim, duas espécies de *Razão*: uma *sensitiva* e outra *intelectual*, sendo que a primeira consiste em combinar várias sensações e formar ideias simples, e a segunda em combinar ideias simples para formar ideias complexas.[35] Do mesmo modo, o que distingue a ideia da imagem é o fato de que a última é uma pintura absoluta do objeto, ao passo que a primeira é uma noção do objeto determinada pelas suas relações.[36] A passagem do inarticulado para o articulado corresponde, assim, à possibilidade de um verdadeiro *conhecimento* da natureza e da sua ordem. De inarticulada a *linguagem* da natureza passa a ser articulada, assim como se transforma o nosso instrumento receptor, convertendo-se em faculdade de articulação. A escritura de que se serve agora a Natureza para transmitir sua mensagem é de outra ordem: trata-se de uma escrita articulada, que reclama, para sua interpretação, o desvelamento dos princípios que presidem à articulação.

34 *O.C.*, t. IV, *Lettres morales*, p. 1090.
35 *O.C.*, t. IV, *Émile*, II, p. 417.
36 *Id.*, *ibid.*, II, p. 344.

Com o pleno desenvolvimento de suas faculdades, o homem, para captar as mensagens da natureza, precisa passar pelo desvio da Razão. "Nós nascemos sensíveis – diz Rousseau – e, desde o nosso nascimento, somos afetados de diversas maneiras pelos objetos que nos cercam. Logo que temos, por assim dizer, a consciência das nossas sensações, somos dispostos a procurar ou a fugir dos objetos que as produzem, primeiramente, segundo nos sejam agradáveis ou desagradáveis, depois, segundo a conveniência ou a não-conveniência que encontramos entre nós e estes objetos e, enfim, segundo os juízos que formulamos sobre eles em função da ideia de felicidade ou de perfeição que a razão nos dá".[37] Em cada um destes estágios são diferentes os instrumentos predominantes – os sentidos, o entendimento e a razão – assim como os princípios que orientam nosso comportamento. Em todos eles, entretanto, acha-se presente a dimensão prática: as *disposições* da natureza – instrumentos e princípios – visam, embora segundo modalidades diferentes, à nossa autoconservação. O que faz da *atividade* humana de conhecimento uma atividade de orientação prática que visa, determinando as relações entre os seres que nos circundam, encontrar os melhores meios para nossa conservação. Toda *ciência* será uma ciência de orientação face ao mundo circundante e todo aprendizado deverá consistir num treinamento desta faculdade de orientação inata. O *primeiro estudo* da criança, por exemplo, é "uma espécie de física experimental relativa à sua própria conservação e da qual a desviamos por estudos especulativos antes que ela tenha *reconhecido* seu *lugar* aqui em baixo"[38]. Da mesma forma, a *Profissão de Fé* pode ser lida como um tratado de *física espiritual* destinado a ensinar Emílio a se situar no universo moral em que acaba de

37 *Id.*, *ibid.*, I, p. 248.
38 *Id.*, *ibid.*, II, p. 369-370.

ingressar, assim como o *Contrato* – resumido no Livro V – pode ser lido como um tratado de *física social*.

O ponto de vista teórico, constitutivo do discurso da ciência do homem, apresenta-se, então, apenas como um momento necessário no interior de um saber e de um discurso eminentemente práticos. Momento *necessário* porque assim o exige nossa condição presente, essencialmente *discursiva*. Mas momento *subordinado*, na medida que esta *ciência* só se justifica no horizonte de uma *prática*. Este horizonte acha-se desde o início presente e não apenas constitui um fim exterior ao saber, mas é a instância principal em função da qual se estabelecem os limites do saber:

> "Trazendo então em mim o amor à verdade como única filosofia, e como único método uma regra fácil e simples que me dispensa da vã sutileza dos argumentos, retomo com essa regra o exame dos conhecimentos que me *interessam*, decidido a admitir como evidentes todos aqueles aos quais não poderei recusar meu consentimento na sinceridade de meu coração, como verdadeiros todos os que me pareçam ter uma ligação necessária com os primeiros, e a deixar todos os outros na incerteza, sem rejeitá-los nem admiti-los, e sem me atormentar para esclarecê-los quando não me conduzam *a nada de útil para a prática*"[39].

Assim como o princípio de utilidade serve de critério para o estabelecimento do *programa* de ensino de Emílio, *a utilidade para a prática* aparece como princípio de delimitação do campo do saber: além do território compreendido pelos conhecimentos *úteis para a prática*, situa-se o perigoso domínio em que se dão os delírios da razão *raciocinante*.

Parece legítimo, por conseguinte, fazer com que todo o discurso se articule em função da eficácia persuasiva. Duas instâncias persu-

39 *Id.*, *ibid.*, IV, p. 570.

asivas poderiam então ser distinguidas. Uma instância de primeiro grau, que é a instância propriamente *prática*, e outra, que corresponde ao discurso *teórico*.

Estes dois discursos giram em torno de polos opostos e se articulam num movimento divergente, apresentando-se, apesar disso, como complementares. Tudo o que ambiciona o discurso teórico é somente impor-se perante a razão do interlocutor. O seu valor principal é a *exatidão* e a sua tarefa é a de tornar transparentes as *relações* fundamentais do objeto sobre o qual fala. Seu pressuposto é a existência de uma ordem racional objetiva, que constitui o lugar-comum em que se defrontam os interlocutores. Seu princípio de organização fundamental é o princípio do melhor, já que a Ordem da natureza é concebida em termos bastante clássicos, como a melhor ordem possível. O ponto de vista próprio a esta instância é definido nos seguintes termos, na introdução ao *Discurso sobre a Desigualdade*:

> "Meu assunto interessando ao homem em geral – escreve Rousseau – procurarei adotar uma linguagem que convenha a todas as Nações ou, antes, esquecendo os tempos e os lugares para não pensar senão nos Homens a quem falo, supor-me-ei no Liceu de Atenas repetindo as lições dos meus Mestres, tendo os Platão e Xenócrates por juízes e o *gênero humano por Auditor*"[40].

Todo discurso *teórico* visaria um público hipotético e abstrato – o *gênero humano* – diante do qual a tarefa é estabelecer os princípios os mais gerais que presidem seja o comportamento humano, seja o comportamento do *corpo político*. Poderíamos, assim, definir o *teórico* como o plano significativo constituído por um discurso

40 *O.C.*, t. III, *Discours sur l'origine de l'inégalité*, p. 133.

que se dirige a um auditor *transcendental*. Esta instância exige uma linguagem determinada e nela se constituem os princípios gerais.

As coisas se alteram a partir do momento em que temos diante de nós um público particular, um auditor *empírico*. Instalamo-nos em uma instância persuasiva de primeiro grau e a linguagem a ser adotada deverá ser *conveniente* ou adequada ao público a que nos dirigimos, dotado de paixões, costumes e preconceitos que lhe são peculiares – sob pena de não nos fazermos entender. É justamente a estas duas instâncias que Rousseau se refere em um texto das *Cartas da Montanha*. Justificando a linguagem de que se serve, afirma:

> "Quando fazemos para todo o público, em geral, um livro de política, podemos filosofar à vontade: o autor, não querendo ser lido e julgado senão pelos homens instruídos de todas as nações e versados na matéria de que trata, abstrai e generaliza sem temor; não se demora nos detalhes elementares. Se eu falasse apenas a vós, poderia usar deste método; mas o tema destas cartas interessa a um povo inteiro, composto no seu maior número por homens que têm mais senso e juízo do que leitura e estudo e que, por não ter o jargão científico, são, por isso mesmo, mais próprios para apreender o verdadeiro em toda a sua simplicidade"[41].

41 *O.C.*, t. III, *Lettres écrites de la montagne*, IX, p. 871.

NOTAS

(I) – Qual o objeto deste *Ensaio*? Aparentemente, trata-se apenas de explicar a *origem "das línguas"*, ou seja, as diferenças ou a diferenciação na maneira de falar dos homens. "A fala distingue o homem entre os animais; a linguagem distingue as nações entre si; não se sabe de onde é um homem a não ser depois que ele falou. O uso e a necessidade levam cada um a aprender a *língua* de seu país; *mas o que faz esta língua ser a de seu país e não a de um outro*?"[42] Por que diferentes línguas ao invés de uma só fala? Quais os fatores que determinam a forma específica que a fala assume nos diferentes agrupamentos humanos? A explicação da origem *das línguas*, ou seja, das diferentes formas da fala, aparece, numa primeira aproximação, apenas como a aplicação a uma das espécies da *desigualdade* constatada entre os homens, cujos princípios e leis da evolução são desenvolvidos no segundo *Discurso*. Assim como os homens se diferenciam, apesar de serem, segundo a opinião geral, "naturalmente tão iguais entre si quanto o eram os animais de cada espécie",[43] e assim como suas diferenças resultam, em termos gerais, do ritmo desigual de desenvolvimento das suas faculdades provocado pelas diferenças nas suas condições materiais de existência – uns deixando mais cedo do que outros o seu "estado original"[44] – assim também varia sua fala que, a exemplo dos costumes e das outras instituições, varia sob a influência dos fatores de ordem material que condicionam sua sobrevivência física. Veremos, então, as diferenças entre as línguas, em especial aquela "diferença geral e característica que se observa entre as línguas do sul e as do norte" sendo deduzidas a partir de causas *locais*, ou seja, dos "climas em que elas nascem e da maneira pela qual elas se formam".[45] Como tudo se "reduz primeiramente à subsistência", o homem no seu fazer – isto é, nas suas instituições, nas suas artes e nas suas *maneiras de viver* –, copia a natureza: "O clima, o solo, a água, as produções da terra e do mar *formam* seu temperamento, seu caráter, determinam seus gostos, suas paixões, seus

42 *O.C.*, t. V, *Essai sur l'origine des langues*, I, p. 375.
43 *O.C.*, t. III, *Discours sur l'origine de l'inégalité*, p. 123.
44 *Id.*, *ibid.*, p. 123.
45 *O.C.*, t. V, *Essai sur l'origine des langues*, VIII, p. 394.

trabalhos, suas ações de toda espécie".[46] É compreensível que esta espécie particular de ação que é o falar também se conforme segundo estes primeiros moldes.

Ora, o nosso problema aparece como o inverso deste que o *Ensaio* parece tematizar. Se a preocupação de Rousseau, neste texto, é a de mostrar como as formas da linguagem variam em função das *maneiras de viver*, a nossa, ao contrário, é a de entender qual o papel preciso que a *fala* desempenha na gênese das nossas faculdades e de nossos *vícios* e, por conseguinte, qual sua *influência* sobre as *maneiras de viver* dos homens.

Este mesmo primeiro parágrafo do *Ensaio*, no qual é indicada a questão que aparentemente constitui o único objeto da investigação, se encarrega, porém, de desfazer esta impressão. Prossigamos na leitura: "[...] mas o que faz esta língua ser a de seu país e não a de um outro? Para dizê-lo, é preciso remontar a alguma razão relativa ao local e que seja *anterior aos próprios costumes*: sendo a fala a *primeira instituição social*, não deve sua forma senão a causas naturais".[47] Primeira instituição, a fala não pode possuir um regime de diferenciação idêntico ao das outras variáveis. Há uma ordem entre as diferentes variáveis, uma hierarquia entre a fala, as outras instituições e os costumes: ao estudar o regime próprio de variação da *primeira* das instituições, o *Ensaio* procede, simultaneamente, a uma primeira hierarquização. Não é a questão da influência dos *costumes* sobre a linguagem que interessa, como poderíamos supor considerando o texto de Duclos que, segundo Rousseau, teria sugerido estas suas *reflexões superficiais* e que ele reproduz no final do último capítulo: "Seria matéria de um exame bastante filosófico – diz Duclos – observar nos fatos e mostrar por meio de exemplos quanto o *caráter*, os *costumes* e os *interesses* de um povo influem sobre a sua língua".[48] O que Rousseau mostra é que antes mesmo de indagar sobre a relação entre fala e costumes – matéria que é apenas aflorada no decorrer do *Ensaio* e especialmente neste último capítulo – é preciso tentar esclarecer o regime de variação da fala que, por ser a primeira das instituições, deve variar muito mais em função de outros fatores do que sob a influência dos costumes. É certo que são as variações – ou

46 *O.C.*, t. III, *L'influence des climats sur la civilisation*, Fragments politiques, X, p. 530.
47 *O.C.*, t. V, *Essai sur l'origine des langues*, I, p. 375.
48 *Id.*, *ibid.*, XX, p. 429.

o mascaramento – da fala primitiva que constituem o tema do *Ensaio*. Mas o que o texto procura mostrar é como estas variações são devidas fundamentalmente a causas *naturais*, independentes dos costumes, na medida em que a fala aparece, cronologicamente, primeira em relação às outras variáveis. A reflexão sobre a origem da fala e das suas diferenciações nacionais é, então, logicamente primeira com relação às outras teorias da origem e dela depende a investigação que se desenvolve na segunda parte do *Discurso* na qual a atenção está dirigida para variáveis secundárias.

(II) – Para melhor apreciar o funcionamento desta arte da comunicação – ou desta *retórica* – cujos princípios governam a escritura do próprio autor do *Contrato* ou das *Considerações*, façamos um rápido desvio e desloquemo-nos para outro contexto, no qual, embora de maneira oblíqua, a mesma problemática parece atuante. Lembremo-nos do que nos diz Rousseau das suas *mentiras*, tanto nas *Confissões* como nas *Rêveries*. Na *Quatrième Promenade* ele procede a um ajuste de contas definitivo com todo este espinhoso problema da verdade e da mentira. Vejamos, por exemplo, em um texto que nos parece fundamental, como é que o autor se explica a si mesmo e, simultaneamente, explica-nos a sua visão *teórica* relativamente ao problema da verdade.

"Nisto – diz o autor – como em todo o resto, meu temperamento muito influiu sobre minhas *máximas*, ou antes, sobre os meus *hábitos*; pois eu nunca agi por meio de *regras*, ou ainda, nunca segui outra *regra*, em todas as coisas, além daquela fornecida pelos impulsos de meu natural. Jamais mentira premeditada aproximou-se de meu pensamento, jamais menti visando meu interesse; menti muitas vezes, mas por vergonha, para me livrar de algum embaraço em coisas indiferentes e que não interessavam no máximo senão a mim mesmo, quando, por exemplo, tendo de sustentar uma conversação, a lentidão das minhas ideias e a aridez da minha conversação forçavam-me a recorrer às *ficções* para ter alguma coisa a dizer".

Não será necessário, talvez, aproximar *arte retórica* de uma outra *arte*, menos séria, de uma arte da *mentira*? Ou, ainda, das *ficções*? Mas continuemos a leitura.

"Quando preciso falar de qualquer maneira – prossegue – e que verdades divertidas não se apresentam com presteza ao meu espírito, solto mesmo algumas fábulas a fim de não permanecer mudo; mas, na invenção destas fábulas, tenho o cuidado, tanto quanto posso, para que elas não sejam *mentiras*, isto é, para que elas não firam nem a *justiça*, nem a *verdade* devida e para que elas não sejam mais do que ficções indiferentes a mim e a todo mundo. Meu desejo seria, de fato, o de poder, nestas fábulas, pelo menos *substituir à verdade dos fatos, uma verdade moral*; isto é, o de poder bem *representar* nelas as afecções naturais ao coração humano e de fazer sair delas sempre alguma *instrução* útil, de fazer delas, em uma palavra, *contos morais*, apólogos, o que exigiria maior presença de espírito do que aquela de que disponho e maior facilidade no falar para saber colocar em proveito da instrução a tagarelice da *conversação*. Sua marcha, mais rápida do que a de minhas ideias, forçando-me quase sempre a falar sem pensar, sugeriu-me, com frequência, tolices e inépcias que minha razão desaprovava e que meu coração desautorizava na medida exata em que elas escapavam de minha boca, mas que precedendo meu juízo, não podiam elas mais ser reformadas pela censura deste último"[49].

O que nos interessa neste texto, por enquanto, é a correlação estreita que nele se estabelece entre a *mentira*, ou uma determinada espécie de mentira, e aquilo que poderíamos *bergsoniamente* chamar de faculdade *fabuladora*. Desde que não sejam feitas com a intenção de prejudicar e desde que sejam relativas a coisas indiferentes, as mentiras são permitidas. Mais ainda: delas pode ser feito até mesmo um bom uso, desde que sejamos capazes de conferir a elas uma estruturação *artística* da qual resulte uma eficácia pedagógica bastante precisa. A fabulação, arte da mentira, justifica-se pelos seus efeitos.

É toda uma região de contornos bem definidos no interior daquilo que chamamos de linguagem, que fica, assim, identificada estruturalmente com esta arte sofisticada, através da qual se exercita nossa faculdade inata de *simulação*, de *representação* ou de produção de artifícios equivalentes. Esta região é habitada em primeiro lugar, sem dúvida, por aquilo que se costuma chamar de *literatura* e de que a *Nouvelle Héloïse*, as *Confissões* e as *Rêveries* seriam, no conjunto das *obras*, algumas das expressões mais acabadas. O texto literário é, em um primeiro plano, um texto necessariamente *fabuloso* ou mentiroso e é sob este ângulo, por exemplo, que se desenvolve

49 *O.C.*, t. I, *Les Rêveries du promeneur solitaire*, p. 1033.

a argumentação do prefácio a *Narciso* no qual Rousseau procura justificar sua necessidade irresistível de produzir, sob a forma de livros, as mentiras fabulosas através das quais ora ele fala de si mesmo dando a impressão de que nos fala dos amores de um outro – Saint-Preux –, ora nos fala de todos os homens, dando-nos a impressão de que fala apenas a respeito de si mesmo, como nas *Confissões*.

CAPÍTULO II

Do tácito ao expresso

O *Contrato*, este *pequeno tratado*, é apenas *parte* de uma obra mais vasta que o autor pretendia elaborar e não teve forças para levar adiante, como ele próprio informa.

Mas o *Contrato* é *parcial* também em outro sentido. Este pequeno tratado figura como parte do *Emílio*, em cujo Livro V é reproduzido quase literalmente. E este gesto de inserção do *Contrato* no *Emílio* é talvez o melhor comentário de Rousseau relativo ao *Contrato*. Há, assim, um momento preciso no processo de educação de Emílio em que se faz necessário iniciá-lo nas questões relativas à política – temos então o resumo do *Contrato* – assim como há um momento, no Livro IV, em que ele deve se familiarizar com os princípios da moral e da religião – temos então a *Profissão de Fé do Vigário Saboiano*. Embora seja apenas extrato de uma obra inacabada, o *Contrato* tem pelo menos uma importância pedagógica. É o que ressalta igualmente do texto do *Prefácio* ao Livro I do *Contrato*. Se escrevo sobre política – adverte

Rousseau – é porque, como *cidadão* de um *estado livre* (Genebra), tenho "*le devoir de* m'en instruire". Como *cidadão*, Rousseau se instrui, ao mesmo tempo que instrui seus compatriotas. Quer se trate do homem Emílio, vivendo em uma sociedade corrompida e condenado à solidão, quer se trate de um cidadão de Genebra, vivendo em comunhão espiritual com seus compatriotas, o estudo da política se apresenta, ao que parece, como disciplina obrigatória do currículo de ambos. A reflexão teórica se subordina, desde o começo, a um objetivo *pragmático*: trata-se, com ela, de completar a formação do homem Emílio ou a do cidadão. Esta *grande* ciência não é, então, tão inútil como declara Rousseau. Refletir sobre política é uma necessidade tanto para o *homem* como para o *cidadão*.

Se esta ciência fosse inútil não seria inserida no programa de educação já que um dos princípios fundamentais que governam a educação de Emílio é o princípio de *utilidade*. Logo no começo, ainda no Livro I, o preceptor controla as perguntas de Emílio inculcando em seu espírito o referido princípio, que o leva a indagar diante de qualquer conhecimento: "Para que serve?". Poderíamos repetir, diante dos princípios do direito político, a mesma questão: "Para que serve?"[1]. Qual a utilidade da especulação política?

A questão não está ausente do espírito de Rousseau quando nos introduz ao primeiro livro do *Contrato*. Depois de definir o objeto e o método da sua investigação, o autor afirma:

> "Entro na matéria sem provar a importância de meu assunto. Perguntar-me-ão se sou príncipe ou legislador para escrever sobre política. Respondo que não, e que por isso mesmo escrevo sobre política. Se eu fosse príncipe

1 *O.C.*, t. IV, *Émile*, III, p. 446.

ou legislador, não perderia meu tempo dizendo o que deve ser feito: ou o faria, ou me calaria"[2].

O escrever sobre Política se situa também em um espaço intermediário entre um *fazer* e um *calar-se*. Ou ainda: um espaço que é limitado por duas figuras distintas do falar. Ou nos calamos porque fazemos – a palavra é, então, supérflua – ou nos calamos porque já não podemos fazer mais nada – a palavra é, então, inútil. Entre o território da ação eficaz e o da impossibilidade da ação, estende-se o domínio da *escrita*. Entre a figura do Príncipe ou do Legislador bem sucedido – Moisés, Licurgo – e a figura do político impotente, constitui-se o espaço do escritor político. Se Rousseau, antes de *entrar na matéria*, julga importante justificar-se, ele o faz não apenas com o propósito de tranquilizar os leitores eventuais, mas antes com a intenção de circunscrever rigorosamente o espaço de seu discurso.

Esta preocupação pedagógica não é acidental; é uma expressão, no plano da política, da postura constante de Rousseau diante da ciência em geral ou da *filosofia*.

Assim como a *utilidade para a prática*, como vimos, aparece na *Profissão de Fé* como princípio de delimitação do saber, neste mesmo texto do *Contrato*, além da perspectiva pedagógica, reaparece o conceito de *utilidade* como princípio metodológico fundamental no momento em que Rousseau define o objeto da sua investigação e enuncia o método que adota:

"Quero indagar se pode existir, na ordem civil, alguma regra de administração legítima e segura, considerando os homens tais como são e as leis

2 *O.C.*, t. III, *Du contrat social*, I, p. 351. Sobre os silêncios na obra de Rousseau, vide GROS-RICHARD, A. "Gravité de Rousseau", *Cahiers pour l'Analyse*, n. 8, 1967.

tais como podem ser. Procurarei sempre, nesta investigação, aliar o que o direito permite ao que *o interesse* prescreve, a fim de que a justiça e *a utilidade* não se encontrem divididas"[3].

Interesse e *utilidade* são os seguros pontos de referência chamados a garantir, em diversos planos, o equilíbrio e a disciplina do espírito: é no interior da estreita esfera que eles delimitam, rigorosamente, que a razão pode se locomover com sucesso, conduzindo-nos a um conhecimento efetivo e praticamente eficaz.

*

"Quero indagar se pode existir, na ordem civil, alguma regra de administração legítima e segura [...]". A partir de um determinado momento da sua evolução, os homens travam relações variadas, inclusive políticas. O que se trata de saber é de que forma regular estas relações políticas, como ordenar politicamente os homens. Não se trata de examinar como devem os governantes se conduzir, como recorda o *Manuscrito de Genebra*. Mas sim de determinar qual a configuração adequada a ser dada às relações políticas que os homens mantêm. No terceiro livro, com efeito, Rousseau construirá uma tipologia das formas de governo. Por *regra de administração* deve-se entender, pois, a determinação de um critério que nos permita julgar as diferentes configurações possíveis que as relações de poder podem assumir.

Esta questão de ordem geral desdobra-se em duas outras, que formam os momentos principais do texto. A primeira questão é formulada no Capítulo 1, nos seguintes termos: "O homem nasceu livre – diz Rousseau – e por toda parte ele se acha sob grilhões [...]

3 *O.C.*, t. III, *Du contrat social*, I, p. 351.

Como esta mudança se fez? Ignoro-o. O que é que pode torná-la legítima? Creio poder resolver esta questão".[4]

O autor nos introduz, a partir do Capítulo 5, à solução do problema, resolvendo-o, no Capítulo 6, com a ideia do pacto primitivo constitutivo da associação política, cuja cláusula essencial reclama de cada membro da associação que renuncie à liberdade ilimitada de que goza em favor do todo ao qual se associa. Conferindo à *vontade geral* do *corpo político*, assim constituído o poder soberano e transformando cada membro da associação em súdito e soberano, simultaneamente, o pacto concilia as exigências contraditórias postuladas pela independência natural de cada indivíduo e pela necessidade do vínculo social que a eles se impõe, exigências cujo confronto descrevia os termos do problema. O que torna *legítima* a autoridade é, assim, o consentimento daqueles sobre os quais se exerce, assim como só pode ser justa a sociedade na qual cada um dos seus membros participa da soberania.

Esta primeira questão diz respeito às condições de possibilidade de uma sociedade justa. Os termos *justiça* e *sociedade* só podem ser unidos com a condição de que seja respeitado o requisito essencial que faz do consentimento daquele que se obriga o fundamento da obrigação. A resposta à questão estabelece os limites entre o justo e o injusto, circunscreve o âmbito da justiça, fixando os princípios primeiros a partir dos quais *todo o sistema político se deduz*, ao mesmo tempo em que determina a *essência do corpo político*.

Mas Rousseau não se detém aí. Determinada a essência do *corpo político*, não sabemos ainda quais formas concretas que ele é suscetível de assumir. E este problema não será negligenciado. No primeiro parágrafo do Capítulo 6, assim se define a nova questão:

4 *Id.*, *ibid.*, I, 1, p. 351.

"Pelo pacto social demos a existência e a vida ao corpo político: trata-se agora de lhe dar o movimento e a vontade pela legislação. Pois o ato primitivo pelo qual este corpo se forma e se une não determina nada ainda daquilo que ele deve fazer para se conservar".

Com o pacto primitivo fica fixado o objeto genérico do engajamento contraído: trata-se, para cada particular, de procurar sistematicamente o *bem comum* e de evitar o *mal público*. Da conclusão do pacto, porém, não decorre automaticamente o cumprimento da sua cláusula fundamental. Para que as obrigações das partes contratantes se cumpram efetivamente é necessário que duas condições essenciais sejam dadas. Primeiro, que a *vontade geral* seja fixada, que o *bem comum* seja definido concretamente. Segundo, que seja assegurada a busca permanente do *bem comum* por parte de cada associado, através de uma organização adequada da vida coletiva e da instituição de instrumentos capazes de fazer prevalecer, quando necessário, o interesse comum sobre os interesses particulares. Por outras palavras, é necessário dar *movimento* e *vontade* ao corpo político: *movimento*, dotando-o de um governo cuja tarefa é, justamente, a de velar pelo cumprimento da cláusula essencial do contrato; e *vontade*, dotando-o de um sistema de *leis* fundamentais que fixam o conteúdo concreto da *vontade geral*, estipulando as regras sociais a serem obedecidas. O corpo político adquire uma fisionomia concreta através de um sistema de leis, entre as quais as *leis políticas ou fundamentais* que fixam a *forma do governo* e de que Rousseau trata exaustivamente ao longo de todo o terceiro livro.

Ao contrário da primeira, esta questão parece dizer respeito às possibilidades efetivas de realização na *história* de uma sociedade na qual se concretiza o império da vontade geral. Esta tarefa política incumbe ao *Legislador*, cuja figura é introduzida a partir do Capítulo 6 do Livro II e cujos passos são guiados por uma verdadeira *ciência*. Logo após o texto em que define a nova questão, Rousseau escreve, na primeira versão do *Contrato*: "É para este grande objeto (ou seja, a *conservação do corpo político*) que tende a ciência da Legislação". Não se trata, para o Legislador, de "desenhar um quadro de uma moral tão pura quanto as *Leis* de Platão", coisa que qualquer escolar poderia fazer, mas de organizar o poder e a vida coletiva numa sociedade dada, levando em conta as exigências do real empírico. É à definição do objeto e do método desta *ciência* que se dedica Rousseau até o final do Livro II do *Contrato*.

*

Examinemos, mais de perto, a primeira questão.

Unidos uns aos outros, dependendo do concurso dos seus semelhantes para garantir sua sobrevivência, os homens acham-se distantes do estado autárquico primitivo. De todo autônomo, eles passam a partes de um todo maior que os ultrapassa. O problema por excelência que agora se coloca diz respeito ao modo de relacionamento entre estas diferentes partes do todo, às diferentes posições a serem ocupadas por elas no interior desta nova *ordem* de coisas. O indivíduo já não pode ser pensado isoladamente, mas deve ser pensado na sua relação com os outros, na medida em que ele próprio já não pode pensar, a si mesmo, isoladamente; na medida em que para ele, nesta nova condição, pensar nos bens capazes de satisfazerem suas necessidades básicas não pode ocorrer sem que ele pense no outro, sem que o outro seja levado em conta. Qual a regra ou o princípio supremo a partir do qual serão ordenados deste ponto de vista estes elementos? A história nos fornece uma grande variedade de modelos de ordem política mostrando como podem ser diversos os critérios de ordenação. Trata-se de saber qual dentre estes critérios é legítimo e universalmente válido.

Ora, sabemos que a história é o lugar do artifício e não pode, em consequência, ser tomada como termo de referência, uma vez que o artifício não pode pretender a validade universal. É necessário, por conseguinte, transcender os fatos: "[...] busco o direito e a razão, e não disputo sobre fatos"[5].

Para além da história, é preciso considerar a *natureza*. (I) Aqui também, apesar de nos acharmos no plano *social*, a *natureza* é a norma suprema. O esquema do *Contrato* torna-se, assim, patente: é preciso, em primeiro lugar, determinar a *natureza* da totalidade política para, em seguida, fixar a melhor forma de organização possível. A ordenação das relações entre os elementos da totalidade política deverá tomar como padrão, como norma, a natureza essencial desta totalidade.

A primeira tarefa é, então, a de discriminar, nesta totalidade, aquilo que é essencial ou natural, eliminando o acidental ou artificial. E ela será levada a efeito no primeiro livro, que se abre com a seguinte questão: O que é que pode tornar legítimo o estado de dependência que caracteriza a condição presente do homem? Ela é, em primeiro lugar, diferenciada da questão genética que é a do segundo *Discurso*. Embora a *ordem social* seja um *direito sagrado*, a questão da sua legitimidade se justifica na medida em que *o homem nasceu livre*: o paradoxo é que, apesar de sagrado, o direito da ordem social não se impõe por si mesmo e reclama legitimação. A ordem social só causa problema porque a independência absoluta – tal como mostra o *Discurso sobre a Desigualdade* – é a condição *natural* do homem. Definida desta forma a natureza da questão, Rousseau

5 *O.C.*, t. III, *Manuscrit de Genève*, I, 5, p. 297.

se dedica, nos dois capítulos seguintes, à justificação da proposição que sustenta, ou seja, a de que *não há sociedade natural* e determina, no Capítulo 6, o objeto a que se refere a questão. A natureza ignora a dependência: de um lado a própria família, única *sociedade* natural, só se mantém por convenção. De outro, se a força é capaz de engendrar a dependência, esta dependência não implica em obrigação alguma e se anula por uma força contrária. A ordem social se baseia, então, numa convenção. Trata-se de saber qual é ela.

Variadas são as maneiras segundo as quais podemos imaginar esta convenção primitiva, mas todas podem ser reduzidas a uma só: ao *pacto de escravidão* cuja origem derivaria seja do direito que o vencedor, na guerra, teria sobre a vida do vencido, seja sobre um pretenso direito de conquista. Afastadas estas hipóteses, dada a sua incompatibilidade com a liberdade natural – "renunciar à sua liberdade é renunciar à sua qualidade de homem"[6] — o capítulo seguinte nos fornece uma ideia precisa e essencial do problema. A questão que se coloca não é, na realidade, a do fundamento da autoridade política do chefe, mas a do fundamento da própria associação. Na medida em que o estado de natureza é estado de absoluta independência, o *povo*, distinto da simples *agregação*, não é uma realidade natural, mas uma ordem constituída: "Antes, pois, de examinar o ato pelo qual um povo elege um rei, seria bom examinar o ato pelo qual um povo é um povo; pois esse ato, sendo necessariamente anterior ao outro, é o verdadeiro fundamento da sociedade"[7]. Antes de ser estritamente *político*, o problema é *social*.

A colocação do problema da legitimação da ordem social se faz, assim, mediante uma recusa, sob um duplo ponto de vista, das teorias contratualistas tradicionais. Elas são rejeitadas tanto pela

6 *O.C.*, t. III, *Du contrat social*, I, 4, p. 356.
7 *O.C.*, t. III, *Du contrat social*, I, 5, p. 359.

sua concepção do ato constitutivo, quanto pela estreita perspectiva *política* em que se colocam: seu erro diz respeito tanto aos termos do contrato quanto às partes contratantes. E é a falsa noção do *estado de natureza* que se acha na base destas teorias que é responsável por este erro. Radicalizando sua análise e concebendo o *estado de natureza* como outro absoluto do estado civil, "grau zero" da sociabilidade caracterizado pela independência absoluta, Rousseau abre uma nova perspectiva. Colocado nestes termos o problema do direito, equivale, como vemos, simplesmente a retomar a perspectiva do *Discurso sobre a Desigualdade*. Perguntar pela legitimidade da ordem social supõe sua prévia determinação como ordem convencional, não-natural. A própria colocação do problema envolve uma primeira definição do social ou a sua determinação diferencial, por oposição à natureza.

*

Mas, como falar de natureza ou de artifício a propósito de uma realidade já rotulada como artificial? Oposto à natureza, o artifício não é, entretanto, sinônimo de arbitrário, no sentido de livre de regras. O que distingue o natural do convencional é menos a forma que lhe é peculiar do que a natureza diversa do agente que produz a um e a outro. Tanto a natureza quanto o artifício são, com efeito, da ordem do produto. A natureza sai das *mãos* de um autor supremo – como nos diz a primeira proposição do *Emílio* – assim como o artifício é aquilo que sai das mãos dos homens. Dizer da sociedade que ela é natural, é considerá-la como produto de *vontade* humana. Na *natureza* não se encontra nada como uma sociedade: a própria família só se conserva voluntariamente.

Determinar a natureza deste todo artificial é, em consequência, descrever o ato que o produz.[8] Este ato, entretanto, não poderá ser,

8 *O.C.*, t. IV, *Émile*, V, p. 840.

mais uma vez, descrito com apoio na história, que nos fornece o exemplo de variadas maneiras de formação do corpo político. Não se trata de saber como se deu historicamente essa formação, mas qual o ato que constitui necessariamente o corpo político.

Ora, para se chegar ao essencial é necessário fazer abstração daquilo que particulariza ou diferencia os homens ou, como nos diz o *Emílio*, é necessário deixar de lado as paixões dos homens. Se queremos determinar a vontade que se acha por trás do corpo político, a intenção que o constitui mais profundamente, devemos supor uma vontade não corrompida pelas paixões. As variadas associações políticas formadas pela paixão e de que a história nos fornece o exemplo são máscaras ou deformações da natureza essencial desta associação. A recusa dos fatos e a abstração das paixões são assim, um e o mesmo gesto: a história não pode servir de norma ou de modelo porque foi previamente definida como o lugar da paixão e, portanto, da diferença. Ora, supor uma vontade não corrompida pela paixão é supor uma vontade que se determina segundo o verdadeiro interesse do homem ou segundo a razão. O homem diante do qual se coloca o problema da associação política é o homem que se determina exclusivamente em função da razão e que, por conseguinte, não pode deixar de escolher o melhor possível.

O desafio que a ele se coloca, nesta nova ordem de coisas em que se encontra, é determinado pela presença de duas exigências contraditórias.

Para sobreviver, ele precisa somar suas forças às de seus semelhantes e se esta reunião de forças causa problema é porque o indivíduo é livre por natureza e não pode renunciar à sua liberdade sem se degradar. O que é que legitima esta reunião de forças? O problema inicial, estabelecidas as preliminares, recebe então formulação mais precisa: *Encontrar uma forma de associação que defenda e proteja com toda a força comum a pessoa e os bens de cada associado e pela qual cada um, unindo-se a todos, não obedeça, entretanto, senão a si próprio e permaneça tão livre quanto antes.* É uma conciliação entre o interesse e a justiça que determina as condições de legitimidade: será legítima a associação que respeite a liberdade e simultaneamente proteja o indivíduo, auxiliando-o a vencer os obstáculos à sua sobrevivência. Sendo estas as exigências divergentes a serem atendidas, a cláusula fundamental da convenção constitutiva do corpo político estipulará *alienação total de cada associado com todos os direitos a toda a comunidade*. Somente uma associação na qual prevaleça soberanamente a *vontade geral* é compatível tanto com a justiça como com o interesse. A submissão à vontade geral é submissão à minha própria vontade, pois a vontade geral pode ser descrita como a vontade de cada membro da associação, enquanto dirigida ao interesse geral da coletividade. Uma associação que obedeça a este requisito é legítima e a submissão do indivíduo a uma ordem exterior pode-se converter em obrigação, na medida mesma em que esta ordem é expressão da vontade geral. O caminho da reflexão é o seguinte: definidas as condições de possibilidade de uma ordem legítima, é determinada a forma essencial desta ordem que se constrói exatamente para atender às referidas condições. A *República* ou *corpo político* é uma ordem legítima porque somente o conceito de vontade geral é capaz de conciliar os termos contraditórios liberdade e dependência: esta *forma de associação* é a única capaz de atender aos requisitos estabelecidos.

A questão da legitimidade da dependência e a da essência do *povo* se confundem, já que a palavra *povo* designa não um agregado – estado precário da coesão no qual a *dependência* é fortuita e esporádica – mas um *estado de organização* no qual a dependência é uma necessidade ou condição necessária de sobrevivência tanto do indivíduo como da espécie. O problema da legitimidade coloca-se com relação ao *povo* porque o aparecimento desta totalidade corresponde a uma mudança de *estado*: do *estado de natureza* para o *estado civil* passamos da autossuficiência para a necessária dependência. O selvagem que antes se bastava a si mesmo já não pode mais viver sem a ajuda dos seus semelhantes. Sua própria *maneira de viver* se altera: viver não pode mais ser existir "livremente", mas é essencialmente conviver, coexistir.

O objeto de Rousseau, neste primeiro livro, é determinar a natureza do corpo político. Mas o que ele faz, ao mesmo tempo, é definir um ideal, uma ordem justa. A preocupação com o direito se confunde ou se superpõe à preocupação com a essência do fenômeno político. Ou, por outra, a determinação da essência só se faz mediante a colocação do problema do direito. Perguntar pelo fundamento do direito é o mesmo que perguntar pela essência do corpo político. Por que esta imbricação entre as duas questões?

Considerando mais de perto a realidade social, verificamos que sua forma aparente é, precisamente, a da juridicidade. Ou seja, o corpo político é um ser moral. A passagem do estado de natureza para o estado civil é, como mostra o segundo *Discurso*, a passagem do fato ou da força para a lei. Por outras palavras, a pretensão necessária presente em toda ordem política é a da juridicidade. A ordem política é a ordem que se pretende fundada sobre o direito e não sobre a força. Se é verdade que se apoia na força, ela pretende valer, como obrigação, independentemente ou para além da força, simples instrumento auxiliar. A determinação da origem das sociedades se confunde, de fato, com a determinação da origem das "leis"[9] e esta contemporaneidade é que faz da sociedade uma instituição ou uma ordem instituída. "No estado de natureza, onde tudo é comum, não devo nada àqueles a quem nada prometi; reconheço como de outrem somente o que me é inútil. Não é assim no estado civil, onde

9 *O.C.*, t. III, *Discours sur l'origine de l'inégalité*, p. 178.

todos os direitos são fixados pela lei"[10]. Determinar o fundamento da sociedade é, assim, procurar justificar a pretensão própria do fato legal: a de valer necessariamente e em caráter obrigatório. No estado de natureza não tenho direitos sobre nada, assim como não devo obrigação a ninguém. O estado civil, ao contrário, é o estado do direito e da obrigação. A passagem da natureza e da força para o direito se faz de forma descontínua: de um estado para outro registra-se uma ruptura radical; ingressamos numa "nova ordem de coisas"[11] passando do fato para o valor e da força para o direito. Se não há sociedade natural do gênero humano é porque o estado de natureza é concebido essencialmente como um estado aquém de todo direito, como o reino da independência e da força.

Determinar a essência da ordem política é, assim, verificar sobre o que se baseia a sua pretensão, é perguntar pelos títulos de crédito dos quais ela retira o seu direito à existência. É natural que a pergunta apareça primeiramente como uma pergunta pela legitimidade da dependência e, pouco mais adiante, como uma pergunta pela essência do *povo*: pois o *povo* é a forma de associação entre os homens ou de organização da dependência que se pretende legítima. O problema é, então, o de determinar a essência da ordem *legal* ou da ordem da legalidade: perguntar pela legitimidade da obrigação é o mesmo que explicar a essência do *fato* legal. A determinação de uma ordem justa ou de um ideal é o mesmo que a definição da essência de uma realidade empírica. A essência do real é atingida, pois, pela determinação do ideal. O problema colocado é o de saber em que condições uma ordem legal pode ser considerada legítima. A perspectiva do *Contrato* é diversa da que Rousseau adota no *Discurso*, onde não se trata de estabelecer o fundamento do direito, mas simplesmente de

10 *O.C.*, t. III, *Du contrat social*, II, 6, p. 378.
11 *O.C.*, t. III, *Manuscrit de Genève*, I, 2, p. 282.

traçar a gênese da sociedade e da lei. O que predomina aí é o ponto de vista da utilidade e o problema que se coloca é o das motivações que conduzem imediatamente à instauração da sociedade. Trata-se de definir o esquema mais provável de transição.

Nesta perspectiva a lei aparece como *mascaramento* da força e a sociedade se institui não por ser legítima, mas em razão da sua utilidade imediata: ela se apresenta como expediente destinado a pôr fim a um estado de guerra. O problema da legitimidade só se coloca quando abandonamos o plano da simples utilidade imediata e nos deixamos guiar pela razão. E é justamente esta a perspectiva do *Contrato*: a definição da ordem será dada não apenas pela consideração da utilidade, mas a partir da conciliação entre utilidade e justiça, interesse e direito. Não interessa neste primeiro livro o mecanismo da passagem: "Como esta mudança se fez? Ignoro-o". Descrever o mecanismo foi a tarefa do *Discurso sobre a Desigualdade*. O que importa agora é determinar a essência deste estado não-natural, tendo em vista fixar a norma fundamental de todo o "sistema político"[12]. A essência da ordem social reside, assim, na perfeita *realização* da pretensão de que toda ordem é portadora. A essência da ordem social – cuja forma de aparição é a legalidade – consiste na pretensão realizada: a essência da legalidade reside na legitimidade. São extremamente variadas as maneiras segundo as quais a ordem legal aparece ou se manifesta: há "mil maneiras de reunir os homens"[13]. Mas só há uma maneira de *uni-los*, ou seja: eles só se unem efetivamente quando se colocam sob a suprema direção da vontade geral. Por outras palavras: uma união perfeita atende adequadamente à intenção mais profunda presente em toda associação entre homens; é aquela que atende integralmente às

12 *Id.*, *ibid.*, I, 7, p. 309.
13 *Id.*, *ibid.*, I, 5, p. 297.

exigências contidas na sua própria natureza, isto é, a liberdade e a utilidade. Se os *nossos Escritores* se perdem na tentativa de fixação da origem da ordem social é porque são incapazes de distinguir adequadamente a ordem dos fatos ou da utilidade e a ordem do direito ou da razão[14]: o método mais constante de Grotius, por exemplo, é o de estabelecer o direito a partir do fato.[15] Seu erro está em tomar o *parecer* pelo *ser* e ficar apenas na aparência, quando a via de acesso à essência passa necessariamente pelo direito ou só se atinge com a condição de ultrapassar o fato. Para medir com exatidão os fatos ou a história é necessário indagar pelo valor: é preciso saber aquilo que *deve ser, para bem julgar aquilo que é.* A pergunta pelo direito é a forma necessária de que se reveste a indagação relativa à essência da realidade social: para ir além da simples aparência é indispensável ultrapassar o fato e se colocar na perspectiva do direito.

A investigação do primeiro livro se guia, pois, nitidamente pelo princípio do melhor. A própria fórmula mediante a qual se enuncia a *dificuldade* que o *pacto* resolve, é bastante sintomática: *encontrar uma forma de associação que defenda e proteja com toda a força comum a pessoa e os bens de cada associado e pela qual cada um unindo-se a todos não obedeça, entretanto, senão a si próprio e permaneça tão livre quanto antes.* Uma associação capaz de atender a estas exigências é, sem dúvida, a melhor associação possível. A operação realizada, cujo resultado é a definição da ordem justa, consiste num inventário de todos os possíveis, de todas as formas de associação possíveis. Aquelas que não atendem às exigências são eliminadas e é retida apenas a melhor.

Vimos como a solução do problema é precedida pela sua *localização.* A partir do *estado de natureza*, concebido como grau zero

14 *Id., ibid.*, I, 5, p. 297.
15 *O.C.*, t. III, *Du contrat social*, I, 2, p. 353.

de sociabilidade, o problema do direito se situa no seu verdadeiro terreno ou no verdadeiro grau da série traçada pelo segundo *Discurso*. Temos, então, uma primeira qualificação da ordem social, que é ordem *legal* e *convencional*, ou seja, para além da *natureza*. O problema do direito se coloca, assim, diante de uma ordem legal e convencional qualquer. A *natureza*, é que é usada como termo de referência para a determinação do *campo do possível*. Já não é mais possível para os indivíduos, a partir desse grau da série, continuar sua existência isolada: é preciso que eles mudem sua *maneira de ser*. A única possibilidade reside na *agregação* das múltiplas forças individuais. E é diante deste quadro de possibilidades que o problema deve ser resolvido. A sociedade imaginada não será assim perfeita, mas será apenas a melhor associação possível.

Vemos, por outro lado, como a passagem de um estado para outro se efetua como consequência de um desequilíbrio entre a potência e os desejos. As forças de cada indivíduo, tomado isoladamente, já não são mais, como no estado anterior, suficientes para o atendimento das suas necessidades e, portanto, dos seus desejos. Achamo-nos diante de um excedente de desejos sobre as forças individuais. Daí a necessidade de aumentar as forças, o que só pode ser obtido pela sua reunião. O novo equilíbrio será obtido, igualmente, pela exata adequação das vontades às novas forças ou às forças reunidas, ou seja, pela unificação das vontades, pela sua conversão numa vontade única coletiva. Temos, assim, duas diferentes formas de ordem, isto é, duas maneiras diferentes de equilíbrio entre a vontade e a potência. A primeira, própria do estado de natureza, é, na realidade, uma ausência de ordem *humana* ou um estado de dispersão dos homens: os homens pertencem ainda a uma ordem *natural* e bastam-se a si mesmos. A segunda é o oposto da primeira: é um estado de completa *união* em que os indivíduos, antes isolados, se anulam, enquanto tais, para dar lugar a uma entidade coletiva. Nestas duas formas extremas de ordens – pontos extremos opostos de uma série – os elementos em presença são diferentes, mas o princípio de ordenação continua o mesmo. Tanto numa como noutra, a ordem se define pela exata proporção entre potência e vontade. Ou ainda: a ordem é o reino da plena eficácia. No primeiro caso, a dispersão, na realidade, é apenas um disfarce de uma outra espécie de anulação do indivíduo: sua integração na ordem natural global. Sua autossuficiência, com efeito, é apenas relativa aos seus semelhantes com os quais ele não mantém relações estáveis. Na realidade, o indivíduo depende integralmente, quase como os animais, da natureza. Sua independência não é absoluta. No outro extremo, sua dependência da ordem natural será substituída pela dependência da ordem social. O mesmo equilíbrio se reproduz, assim, numa outra clave. Se a situação do indivíduo muda radicalmente, é porque a ordem na qual ele se integra é uma nova ordem. Mas o *modelo* em que se inspira esta integração é ainda a natureza. Não há dúvida de que esta nova ordem aparece como absolutamente contrária ao estado de *natureza*: "as boas instituições sociais – lemos no *Emílio* – são aquelas que sabem melhor *desnaturar* o homem, tirar-lhe sua existência absoluta para lhe dar uma relativa e transportar o eu na unidade comum [...]".[16] Mas esta absolutização da totalidade social se inspira no paradigma da natureza. A grande ambição de Rousseau seria assim a de *naturalizar* a sociedade ou a de fazer deste todo artificial um todo formalmente análogo ao todo natural. Seu paradoxal *coletivismo* tira sua raiz da lógica que faz da Natureza um paradigma e da sociedade um *simulacro* da Natureza. A comparação da sociedade com um organismo natural é, de fato, uma comparação inexata. Trata-se apenas de uma metáfora, pois a sociedade não é natural. Mas esta metáfora tem

16 *O.C.*, t. IV, *Émile*, I, p. 249.

importância fundamental pois a natureza é efetivamente o modelo por excelência de que a sociedade aspira a ser cópia.

Este corpo político resulta de um ato contratual, segundo o Capítulo 6. Entre um e outro, entretanto, não se dá uma relação no tempo: "No mesmo instante [...] esse ato de associação produz um corpo moral e coletivo". Tudo se passa em um instante, ou seja, fora do tempo. Estamos longe, portanto de uma produção real. Rousseau não diz que o *corpo político* só se constitui depois de terem certos homens lavrado solenemente, diante de um tabelião, a ata constitutiva desta sociedade. A ficção, que coloca um *ato* na origem deste corpo, destina-se apenas a figurar, a dar corpo à radicalização do conceito de convenção.

Toda convenção implica num certo acordo entre os seus participantes. Ou ainda, o consentimento é a *forma* essencial a toda convenção: não pode haver convenção sem que haja alguma forma de consentimento. Não há sociedade onde não haja uma concordância por parte dos indivíduos em formar a sociedade:

> "a primeira e a mais importante consequência dos princípios estabelecidos é a de que somente a vontade geral pode dirigir as forças do Estado segundo o fim de sua instituição, que é o bem comum: pois se a oposição dos interesses particulares tornou necessário o estabelecimento das sociedades, *foi o acordo destes mesmos interesses que a tornou possível.* E é o que há de comum, nestes diferentes interesses, que forma o laço social e, *se não houvesse algum ponto no qual todos os interesses concordassem, nenhuma sociedade poderia existir*"[17].

Onde há laço entre dois ou mais indivíduos há alguma forma de consentimento. Sua manifestação, entretanto, pode variar da mais

17 *O.C.*, t. III, *Du contrat social*, II, 1, p. 368.

completa expressão à completa inexpressão, ao silêncio: ele pode se manifestar pela palavra, pelo gesto ou pelo comportamento, os *sinais* a que se referem os códigos civis. Do tácito ao expresso há uma variada gama de formas de manifestação da vontade. No que se refere aos contratantes, a melhor convenção possível é aquela que supõe a participação plenamente consciente ou o consentimento expresso.

O que se dá relativamente ao conteúdo deste ato ou às suas cláusulas:

> "as cláusulas deste contrato são de tal forma determinadas pela natureza do ato, que a menor modificação torná-las-ia vãs e de nenhum efeito; de sorte que, embora elas não tenham talvez jamais sido *formalmente enunciadas*, elas são por toda parte as mesmas, por toda parte *tacitamente admitidas e reconhecidas* [...]"[18].

É da essência de toda convenção fazer-se tendo em vista a vantagem daqueles que dela participam. A ideia de uma convenção que não traga nenhuma vantagem para ambas as partes – ou para só uma delas – é puro contrassenso:

> "Seja de homem para homem, seja de um homem para um povo, este discurso sempre será igualmente insensato: Faço contigo uma convenção em que os encargo são todos teus e o proveito todo meu, que observarei enquanto me aprouver, e que tu observarás enquanto isso me agradar"[19].

A motivação fundamental para qualquer ligação entre os homens é o interesse. É o interesse que comanda até mesmo as associações espúrias como, por exemplo, aquela que resulta do pacto entre os ri-

18 *O.C.*, t. III, *Du contrat social*, I, 6, p. 360.
19 *O.C.*, t. III, *Du contrat social*, I, 4, p. 358.

cos e pobres descrito pelo segundo *Discurso*. Mesmo para os pobres o "estabelecimento político" oferece suas "vantagens"[20] e é isto, aliás, que torna o logro possível. Uma convenção só será plenamente vantajosa, entretanto, se atender equitativamente a todas as partes. Ou seja, se oferecer para todas, igualmente, uma vantagem plena atendendo ao verdadeiro interesse de cada contratante e não o seu interesse imediato ou puramente material. Em uma palavra, a melhor convenção possível é aquela que se faz tendo em vista o interesse da natureza humana na sua plenitude, isto é, não apenas do corpo, mas também da alma, não apenas o interesse material, mas também a liberdade.

O produto deste ato primitivo, como vemos, é uma determinada forma de ordenação das relações entre os homens. O *corpo político*, que resulta deste ato é uma nova realidade que substitui a realidade anterior, caracterizada pela presença simultânea de uma multiplicidade de indivíduos: "No mesmo instante, *no lugar* da pessoa particular de cada contratante, esse ato de associação produz um corpo moral e coletivo". A passagem do estado de natureza para o estado civil é uma *realização* da ficção: uma pessoa fictícia deve tomar o lugar das pessoas reais: "No fundo, o corpo político, não sendo senão uma pessoa moral, nada mais é do que um ente de razão"[21]. Dizer, entretanto, que esta entidade fictícia passa a *existir* é ainda um modo de dizer. O que se passa, na realidade, é uma transformação na maneira de existir das pessoas reais. O soberano, com efeito, *não é formado senão dos particulares que o compõem*. O que constitui, efetivamente, esta nova realidade ou este novo estado, é que ele se forma pela *união* dos associados: "Esta pessoa pública, que se forma assim pela *união* de todas as outras [...]"[22].

20 *O.C.*, t. III, *Discours sur l'inégalité*, p. 177.
21 *O.C.*, t. III, *Que l'état de guerre naît de l'état social*, p. 608.
22 *O.C.*, t. III, *Du contrat social*, I, 6, p. 361.

O corpo político é uma forma de relacionamento entre os particulares que se designa como *união*. O ato encerra, assim, uma promessa de união e seu resultado é uma unidade. Nossa tarefa é, então, a de explicar o conceito de união.[23]

O próprio Rousseau a define, em primeiro lugar, negativamente, opondo-a ao simples agregado. Nem todo ato de colaboração entre indivíduos constitui necessariamente um ato de *associação*. Uma mera soma de forças está aquém de uma verdadeira união. O que é que define positivamente a união? Ela tem a forma da *República*. Mas o curioso deste contrato é que a união é a própria obrigação. Dá-se uma associação quando há "alienação total de cada associado com todos os seus direitos a toda a comunidade"[24]. Há união quando se verifica esta *alienação total*. Se esta alienação for *parcial*, se não partir de cada um dos membros da associação, se não envolver a totalidade dos seus direitos e se não se fizer em benefício da comunidade toda, teremos uma mera agregação e não uma união. O corpo político se produz concretamente quando se cumpre a obrigação ou se dá a alienação total: não surge magicamente a partir da mera declaração, por mais solene que seja, ou do engajamento verbal. A suposição de Rousseau, neste texto, é a de que entre a promessa e o seu cumprimento não existe nenhuma distância; o cumprimento decorre imediatamente da simples manifestação das intenções, já que não se coloca neste plano jurídico o problema de saber se as intenções serão ou não cumpridas. Elas são supostas já cumpridas. O que não nos impede de estabelecer esta distinção, necessária para compreendermos em toda a sua profundidade este *ato* originário. A verdadeira dimensão deste ato é dada pela cláusula do contrato, fórmula jurídica que descreve formalmente o fenômeno social com-

23 *O.C.*, t. III, *Lettres écrites de la montagne*, V, p. 806.
24 *O.C.*, t. III, *Du contrat social*, I, 6, p. 360.

plexo que Rousseau também chama de *união*. Recorrendo à ideia do *Contrato*, transportamo-nos para o interior deste fenômeno que aparece, então, como uma obrigação contraída por aqueles que se unem. O que é outra maneira de dizer que a união entre os homens não é natural. Mas dizer isto não é ainda determinar o conteúdo desta união ou o conteúdo da associação que dela resulta. Este conteúdo é dado pela cláusula do contrato que supomos cumprida. O *corpo político* é, assim, a realidade social que surge do cumprimento da cláusula do contrato ou, por outras palavras, assim como a união, enquanto ato, tem a *forma* do contrato, assim também seu resultado tem a *forma* de uma República. A cláusula do contrato designa, sob a forma de obrigação dos participantes, o ato de união de que resulta a associação. A ideia do contrato é utilizada, assim, como instrumento para discriminar os elementos constitutivos e necessariamente presentes em todas as associações ou, ainda, as condições de possibilidade de toda associação verdadeira.

A cláusula designa, em primeiro lugar, a natureza da prestação: trata-se de uma alienação *total*. Em segundo lugar, os participantes ou o conjunto dos agentes da prestação: cada um dos associados. Em seguida, o objeto sobre o qual recai a prestação – todos os direitos – e, finalmente, o elemento em favor do qual é feita a prestação, ou seja, toda a comunidade. Todos os associados se dão, pois, integralmente a toda a comunidade. A referência aos *direitos* é redundante, na medida em que, sendo total, não pode a alienação ser compatível com uma reserva de direitos. Se Rousseau inclui esta precisão na cláusula é porque seu problema é essencialmente jurídico. Trata-se, nesse primeiro livro, de determinar aquilo que é direito, aquilo que é justo ou injusto ou qual a fonte dos direitos. A questão que se acha por trás de todos os debates é a questão relativa a quem, na comunidade, detém direitos. Vemos, por outro lado, que os termos desta cláusula se deduzem dos dois *objetos principais*, aos quais se reduz o "maior bem de todos"[25], ou seja, a *igualdade* e a *liberdade*. Cada participante se aliena: a condição é pois *igual* para todos, ninguém se acha excluído. A alienação se faz a toda a comunidade: logo, não implica em submissão a nenhuma outra vontade particular. Até aqui circulamos, como vemos, no interior da esfera puramente jurídica: a alienação é uma cessão de direitos à comunidade. Fazer da vontade geral a vontade soberana é dizer como se configura, do ponto de vista jurídico, a associação melhor possível entre uma multiplicidade de indivíduos. De um ponto de vista apenas jurídico e, portanto, abstrato, a união pode ser descrita como um pacto mediante o qual cada indivíduo concorda em se colocar sob a suprema direção da vontade geral. Este ponto de vista me permite tornar patente a condição para que uma sociedade qualquer seja justa: só é justa a sociedade que tiver na vontade geral a autoridade suprema ou em que nenhum de seus membros se acha sob o domínio de uma vontade particular. Determinar esta condição, entretanto, não é ainda definir concretamente esta forma de associação. Não nos achamos diante de uma simples cessão de direitos, mas de uma alienação total. Cada contraente não contrai apenas a obrigação de ceder seus direitos, mas também a de se dar integralmente à comunidade, a de realizar a união, a de colocar-se de fato – e não apenas de direito – sob a *suprema direção da vontade geral*. Não nos interessa, por enquanto, verificar sob que condições pode se dar esta alienação, mas apenas determinar em que consiste e mostrar que é ela que faz a essência do corpo político.

Como já vimos, de acordo com o texto do Capítulo 1 do Livro II, é o que há de comum entre os diferentes interesses que forma o *laço* social. Por conseguinte, a união é, essencialmente, a concórdia ou a identificação dos interesses. Quanto menores, com efeito, forem as

25 *O.C.*, t. III, *Manuscrit de Genève*, I, 2, p. 286.

diferenças do interesse e quanto maior for o interesse comum, mais forte será o laço social, que perde sua força em razão inversa da particularização dos interesses. É o que Rousseau mostra, por exemplo, ao tratar mais adiante do problema da degeneração do corpo político:

> "Mas, quando o vínculo social começa a afrouxar e o Estado a enfraquecer-se, quando os interesses particulares começam a se fazer sentir e as pequenas sociedades a influir sobre a grande, o interesse comum se altera e encontra oponentes, a unanimidade já não reina nos votos, a vontade geral deixa de ser a vontade de todos, levantam-se contradições e debates, e o melhor conselho nunca é admitido sem disputas"[26].

A união se dá, assim, quando a ligação entre múltiplos indivíduos é uma identificação das vontades ou uma anulação das vontades particulares. No *Manuscrito de Genebra*, Rousseau diz ainda que "o eu particular difundido sobre o todo é o mais forte laço da sociedade geral e que o estado tem o mais alto grau de força e de vida que se possa ter quando todas as nossas paixões particulares se reunirem nele"[27]. A base da união é a comunidade de interesses: dois ou mais indivíduos estão unidos quando têm o mesmo interesse, as mesmas paixões ou a mesma vontade. A vontade geral não é geral apenas por ser de todos, mas por ser a mesma vontade: o que "generaliza a vontade é menos o número de votos que o *interesse* comum que as une"[28]. Colocar-se sob a *suprema direção da vontade geral* é, assim, fazer sua a vontade geral, renunciar aos seus interesses particulares. Dizer que esta direção é *suprema* é dizer que é ela que deve governar nossos atos particulares. Alienar-se totalmente é renunciar à

26 *O.C.*, t. III, *Du contrat social*, IV, 1, p. 438.
27 *O.C.*, t. III, *Manuscrit de Genève*, II, 4, p. 330.
28 *O.C.*, t. III, *Du contrat social*, II, 4, p. 374.

sua vontade particular e ser portador de uma vontade geral, que não é a vontade de todos, mas a vontade do todo ou da totalidade: "De modo geral, há muita diferença entre a vontade de todos e a vontade geral; esta diz respeito ao interesse comum apenas, enquanto a outra considera o interesse privado, não passando de uma soma das vontades particulares"[29]. Unir-se, para uma pluralidade de indivíduos, significa anular-se como particularidade, pois é só nesta medida que as diferentes vontades poderão se identificar.

Do ponto de vista dos indivíduos, a união implica numa renúncia aos interesses particulares, como ressalta claramente do famoso texto do *Emílio* já citado:

> "O homem natural – diz Rousseau – é tudo para si; é a unidade numérica, o inteiro absoluto, que não tem relação senão a si mesmo ou a seu semelhante. O homem civil não é senão uma unidade fracionária da ordem do denominador e cujo valor está na sua relação com o inteiro que é o corpo social. As boas instituições sociais são as que sabem melhor desnaturar o homem, tirar-lhe sua existência absoluta para lhe dar uma relativa e transportar o eu na unidade comum; de sorte que *cada particular não se creia mais um*, mas parte da unidade, e *não seja mais sensível a não ser no todo*"[30].

É necessário, como vemos, que o indivíduo esteja persuadido, que se *creia* parte de um todo que o transcende e que só seja sensível àquilo que interessa ao todo. A anulação da particularidade envolve tanto a *razão* quanto a *sensibilidade* do indivíduo. Não é somente nestas condições, com efeito, que tirando as regras do seu juízo da *razão pública* e não sendo sensível senão àquilo que é bom para o todo, estará o indivíduo efetivamente colocando *toda a sua pessoa*

29 *Id.*, *ibid.*, II, 3, p. 371.
30 *O.C.*, t. IV, *Émile*, I, p. 249.

sob a suprema direção da vontade geral? O indivíduo assim constituído agirá, diante de qualquer circunstância, levando em conta, acima de tudo, aquilo que é bom para o todo e, em consequência, a vontade geral será efetivamente soberana.

O *corpo político* não é assim apenas um sistema de relações jurídicas entre os indivíduos: este sistema é apenas a sua ossatura. Mais do que isto, trata-se de uma realidade essencialmente de ordem afetiva. Sua ilustração concreta é a cidade antiga, é Roma, Esparta, além de Genebra. Se existe um corpo político em Roma é porque um cidadão de Roma – como observa ainda o *Emílio* – não é nem Caius, nem Lucius, mas um romano. Se Esparta é uma República é porque seus cidadãos não existem como indivíduos particulares, a exemplo da mulher de que nos fala Plutarco, que se importa mais com a vitória da Pátria nos campos de batalha do que com a morte de seus filhos soldados. Em uma palavra: corpo político e *Pátria* são a mesma coisa. A união, diferente do simples agregado, é de ordem afetiva pois "nós queremos sempre aquilo que querem aqueles que nós amamos"[31]. Não é pelo simples estatuto jurídico, que se regulam as relações entre seus membros, que uma República se distingue de simples agregado. O que distingue estas duas formas de ordenação social é a natureza do laço pelo qual se prendem uns aos outros os seus membros. Numa *Pátria*, os associados possuem todos uma só vontade e um só interesse, ao passo que na outra forma de associação a *união* que se verifica não vai além da simples justaposição dos egoísmos individuais. Esta última é o reino do *amor-próprio*, enquanto a primeira é o reino do amor à ordem ou do *amor à Pátria*.

Do ponto de vista jurídico, o *cidadão* se define como *participante da autoridade soberana*; concretamente ele se define como o indivíduo cuja virtude essencial é o *amor à Pátria*.

31 *O.C.*, t. III, *Discours sur l'économie politique*, p. 254.

A partir da determinação da figura essencial da ordem política temos, assim, fixada a *regra* de administração que se buscava. A ordem política é, na sua essência, uma ordem moral e convencional caracterizada pela liberdade e igualdade de cada um dos membros que a compõe. Entre os fatores que compõem esta totalidade – a parte e o todo – prevalece uma certa ordem, uma certa hierarquia necessária que é a melhor possível: para que a liberdade de cada parte e a sua igualdade sejam garantidas é necessário que as partes se subordinem ao todo, que as pessoas físicas estejam subordinadas à pessoa moral. O corpo político é, assim, a totalidade na qual pessoas físicas estão submetidas à pessoa moral. A vontade da ordem, à qual todas as outras devem estar subordinadas, é a vontade desta pessoa moral ou vontade geral. É este querer geral que constitui a regra ou o padrão a ser consultado para se saber como agir ou como ordenar as relações particulares entre os homens. É porque a vontade geral é soberana que ela constitui a regra suprema: ela é norma porque ela, dentre todas as vontades presentes, é a única que tem o direito de ditar normas.

A *soberania da vontade geral* é, assim, efetivamente a condição para um povo *livre*. Mas o que corresponde a esta ideia abstrata, no plano histórico concreto, é o conceito de *Pátria*. Há soberania da vontade geral onde há uma Pátria, onde existe um *verdadeiro* corpo político.

A soberania da vontade geral não pode ser confundida com os mecanismos jurídicos, sempre precários, destinados a assegurar o exercício dessa soberania. Que todos os membros da associação participem da elaboração das leis é, antes de tudo, apenas uma fórmula destinada a permitir a manifestação autêntica da vontade geral. Esta fórmula, por ela mesma, não é, entretanto, suficiente para assegurar o predomínio do interesse público. Se os outros *caracteres* da vontade geral não estão presentes – e sobretudo, a *virtude* dos membros da associação – a deliberação pública não exprimirá adequadamente o interesse da comunidade. Para que a maioria possa realmente exprimir o interesse comum, a condição *sine qua non* é que "todos os caracteres da vontade geral estejam ainda na pluralidade"[32]. O atributo essencial da *vontade geral* é que ela é a vontade que se dirige, por definição, ao bem da comunidade. E que, por conseguinte, não pode ser senão a vontade deste corpo moral constituído pela comunidade. O que significa que não pode existir onde não existe este corpo moral. A vontade geral não pode existir onde não existe um corpo de cidadãos. Se não pode haver liberdade onde a vontade geral não seja soberana, não pode haver soberania da vontade geral onde não houver cidadãos. "A pátria – lemos na *Economia Política* – não pode subsistir sem a liberdade, nem a liberdade sem a virtude, nem a virtude sem os cidadãos [...]"[33].

32 *O.C.*, t. III, *Du contrat social*, IV, 2, p. 441.
33 *O.C.*, t. III, *Discours sur l'économie politique*, p. 259.

NOTA

(I) – No *Fragmento sobre o Estado de Guerra*, lemos:

"No que concerne o corpo político, importa em primeiro lugar elaborar noções mais exatas do que aquelas que temos hoje. Que o leitor somente imagine que aqui se trata menos de história e de fatos do que de direito e justiça, e que examino as coisas por sua natureza e não por nossos preconceitos"[34].

Tanto para conhecer a natureza essencial do *corpo político* como do homem, devemos, pois, perguntar qual o melhor possível para ele. Dispomos de um instrumento de medida, que é a ideia do perfeito. Basta, por conseguinte, comparar os diferentes possíveis e escolher o melhor dentre eles. Como, porém, determinar o possível?

Temos em primeiro lugar o homem existente, tal como se apresenta diante de nós. Mas medir o possível a partir do existente é o procedimento rotineiro dos ignorantes, como observa Rousseau no *Julgamento sobre a Polissinodia*.[35] E não só dos ignorantes, se nos lembrarmos da crítica que Rousseau, no segundo *Discurso*, dirige a Hobbes e aos jurisconsultos da escola do direito natural. Tanto um como os outros são incapazes de ir além do homem existente, do homem civilizado. A mesma crítica se repete no *Fragmento sobre o Estado de Guerra*.[36] Os *filósofos* desenham a imagem do homem natural projetando sobre ele atributos que pertencem exclusivamente ao homem civilizado: por exemplo, paixões violentas (Hobbes) ou uma razão já constituída. Este etnocentrismo, responsável pelo erro metodológico fundamental dos filósofos, tem, aliás, uma raiz moral. É a corrupção que, em última instância, responde por esta cegueira. O amor-próprio do filósofo impede-o de sair de dentro de si mesmo, tornando-o incapaz de imaginar um homem totalmente diferente de si. Seu etnocentrismo é consequência direta do obscurecimento da sua *piedade* original e da intensificação do seu amor-próprio.

É preciso ir além do existente ou da aparência, que é apenas um dos possíveis. Na medida em que a história humana é distanciamento da Na-

34 *O.C.*, t. III, *Que l'état de guerre naît de l'état social*, p. 603.
35 *O.C.*, t. III, *Jugement sur la Polysynodie*, p. 635.
36 *O.C.*, t. III, *Que l'état de guerre naît de l'état social*, p. 611.

tureza, o homem civilizado será um mascaramento do homem natural. Daí a necessidade de que o conhecimento se processe como uma escavação arqueológica: identificado o princípio é possível identificar as *idades* das diversas camadas superpostas que revestem o objeto. O método de *análise* – é um método capaz de desvendar a "gradação natural" dos sentimentos do homem[37], que é capaz de ir além das *máscaras*, não se deixando impressionar pelo fascínio das aparências.

37 *O.C.*, t. III, *Que l'état de guerre naît de l'état social*, p. 612.

CAPÍTULO III

O discurso do legislador

Determinada a essência do *corpo político*, temos fixado um ideal. O objetivo estratégico de toda ação política racional não pode deixar de ser o de propiciar o reinado soberano da vontade geral. Isto posto, nada sabemos ainda sobre as *condições de realização do ideal político*. E é para esta nova questão que se abre o Capítulo 6 do Livro II, *De la Loi*:

> "Pelo pacto social – diz Rousseau – nós demos a existência e a vida ao corpo político: trata-se agora de lhe dar o movimento e a vontade pela legislação. Pois o ato primitivo, pelo qual este corpo se forma e se une, não determina nada ainda daquilo que ele deve fazer para se conservar".

É certo que o texto fala da *existência* e da vida do *corpo político*. Se a tomamos ao pé da letra, constatamos, porém, que nos achamos diante de uma existência bastante estranha. Com efeito, o *corpo político* preexiste a si mesmo e é produzido por si mesmo. Ele é, de fato, anterior ao pacto, pois é uma das partes contratantes: o contrato é um ato de que participam o *público* e os particulares. Em consequência é também contemporâneo do próprio ato. Mas, além disso, é curiosamente o fim do contrato: a obrigação dos contraentes é a de se colocarem sob a direção da vontade geral e, portanto, a de realizarem o *corpo político*. O que significa que ele goza de uma existência apenas fictícia. Esta existência teórica só se converte numa existência de fato se for cumprida a cláusula do contrato. Se o problema da *conservação* do corpo político se coloca a partir deste momento é porque existe um hiato entre a promessa inicial e seu efetivo cumprimento por parte dos membros da comunidade: enquanto as obrigações não forem cumpridas, o todo permanece na sua dispersão natural. Sua conservação consiste em sua promoção de uma existência virtual para uma existência de fato. Conservar é criar as condições para que a obrigação – a alienação total – se cumpra efetivamente. A *conservação* deste existente imaginário não pode deixar de ser uma verdadeira criação.

Ao *Legislador* caberá esta difícil tarefa: a *conservação* do corpo político é o objeto da "ciência da legislação", segundo o *Manuscrito de Genebra*.[1] Nosso texto resume o conteúdo desta tarefa: a conservação se faz mediante a atribuição, ao corpo político, de movimento e vontade. Conservar o corpo político é dar um conteúdo à vontade geral, determinando aquilo que é conforme ao bem público e, por outro lado, é criar os instrumentos coercitivos necessários para que a vontade geral prevaleça soberanamente. Ou ainda: ao Legislador cabe criar as condições para que o contrato se cumpra efetivamente, isto é, para que as partes contratantes – o público e os particulares – cumpram as obrigações contraídas. O corpo político não preexiste, portanto, à ação do Legislador, guardando com ela uma

1 *O.C.*, t. III, *Manuscrit de Genève*, II, 1, p. 312.

relação de anterioridade lógica e não-cronológica. Historicamente, ele se situa no termo desta ação. Logo, perguntar pela natureza da ação do Legislador é o mesmo que determinar as condições de realização histórica do ideal político anteriormente fixado. São de outra ordem os problemas que agora se colocam. Tomando-se os homens tais como são, trata-se de saber se e como é possível organizar a sociedade de maneira que a vontade geral prevaleça. O ideal fixado será agora medido tendo-se em vista as possibilidades históricas que se oferecem. Teremos, então, duas questões complementares, examinadas a partir deste Capítulo 6, até o final do Livro II. Primeiro, nos Capítulos 6, 7, 8, 9 e 10, fica estabelecido em que condições é possível historicamente o predomínio da vontade geral. Em seguida, nos Capítulos 11 e 12, determinam-se os preceitos metodológicos que o Legislador deve observar a fim de que a sociedade se organize da melhor forma possível.

A primeira questão – em que condições é possível historicamente a sociedade justa? – aparece num primeiro momento sob a forma de uma questão relativa à necessidade da política. Por que é necessária a política? Ou ainda: por que são necessárias as leis e o Legislador? A ela são dedicados os Capítulos 6 e 7 deste segundo livro.

A ordem em que ingressamos é artificial, de onde duas consequências:

1ª) Se os homens fossem diferentes do que são, as instituições políticas seriam supérfluas.

> "O que é bom e conforme à ordem – diz, logo em seguida, nosso texto – é tal pela natureza das coisas e independentemente das convenções humanas. Toda justiça vem de Deus: Ele só é a sua fonte; *mas se nós soubéssemos* recebê-la de tão alto não teríamos necessidade nem de governo nem de leis"[2].

2 *O.C.*, t. III, *Du contrat social*, II, 6, p. 378.

É verdade que o homem, por natureza, é bom. Na sua condição primitiva, embora desconhecendo as regras da justiça, uma vez que sua razão não passa de pura virtualidade, os homens não praticam o mal porque se bastam a si mesmos, contentam-se com pouca coisa e ainda se acham contidos pela *piedade* natural, que lhes inspira instintivamente a *máxima*: "Faça o seu bem com o menor mal de outrem que seja possível"[3]. Todavia, no momento em que se coloca a necessidade de uma associação de forças, sua *natureza* primitiva já sofreu uma alteração substancial. Achamo-nos naquele ponto da série, construída pelo segundo *Discurso*, em que a "Sociedade Nascente deu lugar ao mais horrível estado de guerra"[4]. O *amor de si* já sofreu suas primeiras deformações e o *amor-próprio* começou a despontar, deixando a *piedade* de constituir um freio suficiente contra seu avanço. Neste momento já são grandes os obstáculos que se interpõem entre o homem e a Natureza, cuja mensagem deixou de ser transparente. A distância entre a promessa do pacto e o cumprimento das obrigações é apenas um reflexo da distância entre o homem e a Natureza, e os obstáculos que dificultam o cumprimento das obrigações correspondem aos graus de distanciamento da condição primitiva. Nesta nova condição, o acordo de interesses e a união entre os indivíduos não pode se dar espontaneamente e o cumprimento das obrigações depende necessariamente da intervenção da arte humana. Se os homens fossem diferentes do que são, ou seja, se não tivessem, neste momento da sua evolução, interesses contraditórios, o predomínio do interesse comum não encontraria obstáculo e a "política deixaria de ser uma arte"[5]. Sendo o que são, a mediação da política é necessária. E ela

3 *O.C.*, t. III, *Discours sur l'inégalité*, p. 156.
4 *Id.*, *ibid.*, p. 176.
5 *O.C.*, t. III, *Du contrat social*, II, 3, p. 371, nota (*).

aparece para atender a duas exigências. Em primeiro lugar, para garantir o efetivo cumprimento das obrigações. O Soberano, pelo simples fato de que é, é sempre aquilo que deve ser. Nenhuma garantia é necessária contra ele. Ao contrário, os indivíduos podem ser infiéis ao pacto, podem querer "gozar dos direitos de cidadão sem querer preencher os deveres de súdito"[6]. Daí a necessidade de garantias. "Considerando as coisas humanamente, na falta de uma sanção natural, as leis da justiça são vãs entre os homens; elas não fazem senão o bem do malvado e o mal do justo, quando este as observa com todo mundo e ninguém as observa com ele"[7]. Mesmo que os homens sejam capazes de apreender as regras da justiça, na falta de uma reciprocidade garantida, não há nenhuma vantagem em adotá-las. Para que a prática da justiça compense é necessário que seja garantida por um poder capaz de constranger os homens, impedindo os maus de prejudicarem os bons. A política reveste, então, a forma de governo ou da força pública.

2ª) Por outro lado, mesmo contando com a boa vontade de todos os membros da associação, é necessário que o bem comum seja expressamente fixado. Assegurar a ordem contra os *méchants* não é ainda suficiente para a conservação do Estado. Na realidade, a vontade particular dos indivíduos, ameaçando prevalecer constantemente, não é o único obstáculo a ser franqueado mediante o recurso às instituições. Os homens, neste estágio de sua evolução, são incapazes de saber, *espontaneamente*, em que consiste de maneira concreta o *bem comum*, cuja busca permanente é o fim da associação política. Os membros da associação se comprometem a procurar o *bem comum* e a fugir do mal público. Todavia – observa Rousseau no *Manuscrito de Genebra* – o

6 *O.C.*, t. III, *Du contrat social*, I, 7, p. 363.
7 *Id.*, *ibid.*, II, 6, p. 378.

> "Estado não tendo senão uma existência *ideal* e *convencional*, seus membros não têm nenhuma sensibilidade natural e comum, pela qual, imediatamente advertidos, recebem uma impressão agradável do que lhe é útil e uma impressão dolorosa logo que é ofendido"[8].

Tanto o animal como o homem, sendo obras da Natureza, foram por ela dotados dos instrumentos que garantem sua própria conservação. Todo artificial, o Estado, ao contrário, não dispõe de nenhum instinto de conservação capaz de guiá-lo. O que é bom para a conservação da *máquina* natural lhe é imediatamente transparente, ao contrário do que acontece com a máquina artificial do Estado. Para que o *bem público* seja conhecido e seguido por todos os membros da comunidade é necessário, portanto, que seja fixado de uma vez por todas, corporificando-se num sistema de leis.

Assim, nem a sensibilidade, nem a razão pouco desenvolvida dos membros da associação podem constituir guias para a conservação do corpo político. Abandonados a si mesmos os membros da associação seriam incapazes de levar a bom termo o empreendimento que têm em vista ao se associarem. Para que o bem comum se transforme no polo diretor do seu comportamento é necessário que seja garantido e fixado, já que ninguém pode agir de acordo com o bem comum se não o conhecer e já que nem as *luzes* insuficientes, nem a sensibilidade particular permitem aos membros da associação um acesso espontâneo ao *bem comum*. Nossa incapacidade de receber a justiça de *tão alto* se deve tanto à insuficiência da nossa razão e da nossa sensibilidade como à corrupção da nossa vontade. Se as leis positivas são necessárias não é apenas porque devemos nos prevenir contra o vício da vontade, mas igualmente contra o erro do entendimento dos particulares. O corpo político deve tomar a

8 *O.C.*, t. III, *Manuscrit de Genève*, I, 7, p. 309.

forma de uma *ordem jurídica* e a vontade geral deve se explicitar através de leis, porque o homem, neste estágio, está naturalmente inclinado ao erro e ao vício. O corpo artificial do Estado encontra, assim, no artifício das leis e do governo o instrumento adequado à sua conservação artificial. Responder à questão da necessidade das leis equivale, como vemos, a definir a primeira condição para que o corpo político se constitua concretamente ou para que se cumpram as obrigações nascidas do contrato. E ela pode ser formulada da seguinte maneira: para que o contrato se cumpra devem ser reguladas por leis que são a expressão da vontade geral e vigiadas por um governo capaz de garantir a execução da vontade geral.

Para se manifestar na história a razão necessita, assim, corporificar-se, revestir a forma de uma declaração expressa. Na *Economia Política* Rousseau chama a lei de *voz celeste*. A *voz da Natureza* se manifesta, nesta nova situação, adotando um novo meio de expressão.

*

A *invenção* da máquina artificial do Estado é obra do Legislador. É a ele que se confere a responsabilidade de redigir as leis. Por que, entretanto, o recurso a este personagem providencial? O próprio aparecimento em cena desta figura paternalista não contraria a soberania do povo afirmada anteriormente? O poder de fazer leis não pode pertencer senão ao *povo* reunido, desde que as leis nada mais sejam do que "atos da vontade geral"[9]. Rousseau está consciente do problema: "As leis – escreve ele – não são propriamente mais do que as condições da associação civil. O povo submetido às leis deve ser o seu autor; não pertence senão àqueles que se associam

9 *O.C.*, t. III, *Du contrat social*, II, 6, p. 379.

a regulamentação das condições da sociedade [...]"[10]. Entretanto, quem não pode o menos não pode o mais. Se o povo não é capaz de fazer o que manda o bem público inspirando-se nas suas próprias luzes e nos seus sentimentos, necessitando, para tanto, da declaração manifesta do bem público através de um sistema de leis, muito menos será capaz de elaborar este sistema de leis. Se o fosse, seria *a fortiori*, capaz de aceder imediatamente ao *bem público*, o que dispensaria, automaticamente, um sistema de legislação. Da mesma forma como o povo não é capaz de conhecer o *bem público*, a não ser graças à mediação de uma individualidade excepcional. E é o que Rousseau assinala logo em seguida:

> "[...] não pertence senão àqueles que se associam a regulamentação das condições da sociedade; mas como as regulamentarão eles? Será por um comum acordo, por uma inspiração súbita? O corpo político tem um órgão para anunciar suas vontades? Quem lhe dará a previdência necessária para formar os seus atos e publicá-los de antemão e como ele se pronunciará no momento necessário? Como uma *multidão cega*, que frequentemente não sabe o que quer porque raramente sabe o que é bom para si, executaria, por si própria, um empreendimento tão grande, tão difícil como um sistema de legislação?"

O direito de elaboração das leis pertence ao povo. Nós já nos despedimos, entretanto, do plano do direito. De fato, o povo não dispõe do poder efetivo para se desincumbir desta tarefa, dadas as suas limitações. Não há contradição, mas mudança de plano: o povo *real* não é o mesmo que o povo *ideal* que participa do pacto primitivo. Entre um e outro, entre o *povo* e a *multidão cega*, existe um abismo a ser franqueado pela intervenção de um indivíduo excep-

10 *Id.*, *ibid.*, II, 6, p. 380.

cional. De direito, somente ao povo cabe determinar as condições da associação, assim como, de direito, a vontade geral não pode ser representada. De fato, entretanto, o povo é uma *multidão cega*, o que significa que a vontade geral não pode deixar de ser *representada*, pelo menos para que se manifeste. A multidão, composta de indivíduos singulares confinados à esfera do seu interesse, é incapaz de engendrar o corpo político, necessitando de um guia, tal como Emílio. Uma história patrocinada pela razão não pode deixar de assumir a estrutura própria da relação pedagógica, já que a razão é um produto tardio da própria história. Se a todos os homens é dada potencialmente a razão, a maioria não é capaz de aceder, por conta própria, ao conhecimento da ordem e do bem – como já foi visto – necessitando, para tanto, da mediação pedagógica da sociedade. É a partir das nossas sociedades particulares – observa Rousseau no *Manuscrito de Genebra* – que concebemos a *sociedade geral* e nós *não começamos propriamente a nos tornar homens a não ser depois de ter sido cidadãos*. A razão só se desenvolve efetivamente uma vez constituída a sociedade. Ela é produto, resultado. É da ordem particular em que vive – esclarece ainda o *Manuscrito de Genebra* – que o indivíduo retira a ideia da ordem geral da humanidade; é das leis positivas, que regulamentam sua sociedade particular, que se eleva até a noção de uma justiça universal, regendo os destinos de toda a raça humana.

> "O povo, por si, quer sempre o bem, mas, por si, nem sempre o vê. A vontade geral é sempre reta, mas o juízo que a guia nem sempre é esclarecido. [...] Os particulares veem o bem que rejeitam; o público quer o bem que não vê. Todos necessitam igualmente de guias. É preciso obrigar a uns que conformem suas vontades à razão, e a outros, ensinar a conhecer o que deseja"[11].

11 *Id.*, *ibid.*, II, 6, p. 380.

Para se concretizar, o direito não pode deixar de se submeter às leis necessárias a toda historização. Ele não é da ordem dos fatos, mas só pode se manifestar sob a forma dos fatos. O todo racional só pode ingressar na ordem da história por procuração, recorrendo a um indivíduo, porque na ordem da história a razão é produto e não dado natural.

De um livro para outro mudamos radicalmente de nível. Antes, tratava-se de saber se justiça e sociedade eram termos conciliáveis e determinava-se a maneira segundo a qual esta conciliação é, em geral, possível. Agora, trata-se de saber se o ideal fixado é historicamente possível. O termo de referência ou o campo dos possíveis é dado pela série traçada no segundo *Discurso* ou pela *ordem da Natureza*. Ora, a construção desta série, no segundo *Discurso*, confunde-se com a genealogia do mal. O campo dos possíveis é a história do predomínio crescente da desigualdade: da violência, do logro, da astúcia, da concorrência, da opressão. Quadro sombrio, no qual não parece haver lugar algum para a igualdade e para a liberdade. À primeira vista, a questão agora colocada – supondo-se que Rousseau permaneça fiel ao segundo *Discurso* – só pode ser respondida pela negativa. A criação do corpo político parece impossível, dada a ordem natural de desenvolvimento das faculdades e o círculo parece inevitável:

> "Para que um povo nascente pudesse experimentar as sãs máximas da política e seguir as regras fundamentais da razão de Estado, seria necessário que o efeito se tornasse a causa, que o espírito social que deve ser a obra da instituição presidisse à própria instituição, e que os homens fossem antes das leis o que deveriam tornar-se por meio delas"[12].

12 *Id.*, *ibid.*, II, 7, p. 383.

Somente um milagre parece capaz de romper o círculo ou fazer com que a história adote o rumo desejado. E é, com efeito, a um milagre que Rousseau, aparentemente, recorre, ao apelar para a figura providencial do Legislador. Verdadeiros emissários da divindade – "Seriam precisos deuses para dar leis aos homens" – os Legisladores seriam capazes de romper o círculo. Rousseau, aliás, chega a utilizar a expressão: "A grande alma do legislador é o verdadeiro milagre que deve provar sua missão"[13]. Deixar o destino das sociedades humanas aos caprichos da Providência é renunciar ao pensamento político. Parecem certos, assim, os adversários de Rousseau: o utópico ou o devaneio acaba, aparentemente, por triunfar.

Na realidade, Rousseau não afirma que os Legisladores são deuses ou que sua intervenção é milagrosa. Ainda aqui achamo-nos diante de uma força de expressão, de uma linguagem metafórica. O Legislador age como se fosse um emissário divino ou um deus feito homem, mas, na realidade, é simplesmente a razão encarnada e sua atividade é puramente racional. Individualidade excepcional, o Legislador é um *simulacro* da divindade. Falando dos Legisladores como se fossem deuses, Rousseau quer apenas sublinhar a excepcionalidade do personagem. Se é verdade, como pretende Platão, que os chefes dos homens devem ser de uma natureza mais excelente, isto é muito mais verdadeiro para os fundadores das nações.[14] Somente a uma inteligência superior é que estaria reservado o conhecimento da Ordem.

Esta divisão entre duas espécies de razão, entretanto, parece arbitrária. De um lado, de fato, fazendo da *razão* da multidão um produto, Rousseau retoma a perspectiva "empirista". Entretanto, este *empirismo* sofre uma exceção importante: o Legislador é situado fora

13 *Id., ibid.*, II, 7, p. 384.
14 *Id., ibid.*, II, 7, p. 381.

da sociedade, parecendo escapar, desde sempre, às condições históricas. Independente da sociedade, ele goza de um estatuto privilegiado. Como justificar este dualismo? Como compreender, por parte do apóstolo do igualitarismo, esta diferença de estatutos ou de *natureza* entre os indivíduos? O acesso à Ordem acha-se reservado apenas a uma minoria privilegiada, enquanto a multidão é incapaz de ultrapassar a minoridade da razão, de sair totalmente da infância: "[...] as noções sublimes do Deus dos sábios, as doces leis da fraternidade que ele nos impõe, as virtudes sociais das almas puras, que são o verdadeiro culto que ele quer de nós, escaparão sempre à *multidão*"[15]. Desde o *Discurso sobre as Ciências e as Artes*, aliás, acha-se presente – como já foi visto – esta ideia do saber como privilégio reservado apenas a uma minoria: "Não foi necessário mestre – diz Rousseau – àqueles que a *Natureza* destinava a fazer discípulos"[16].

É verdade que os reis não são deuses e nem o povo é constituído de animais; os "pastores" do povo não podem ser considerados como pertencentes a uma espécie "superior" à das suas ovelhas[17], como pretendia Calígula. Os homens são iguais, de direito, e é falso pretender, com Aristóteles, que alguns nascem para a dominação e outros para a escravidão. Entretanto, o próprio Rousseau admite a existência de uma desigualdade *natural* entre os homens. "Concebo na espécie humana duas espécies de desigualdades: uma, que chamo *natural* ou física, por que ela é estabelecida pela Natureza e que consiste na diferença das idades, da saúde, das forças do Corpo e das *qualidades do Espírito ou da Alma*; outra, que podemos chamar de desigualdade moral ou política, porque ela depende de uma espécie de convenção e é estabelecida, ou pelo menos autorizada, pelo

15 *O.C.*, t. III, *Manuscrit de Genève*, I, 2, p. 285.
16 *O.C.*, t. III, *Discours sur les sciences et les arts*, p. 29.
17 *O.C.*, t. III, *Du contrat social*, I, 2, p. 353.

consentimento dos homens"[18]. Sendo uma pluralidade heterogênea, a Ordem natural não é constituída por indivíduos idênticos, assim como não são idênticas suas condições de existência. O desenvolvimento das faculdades, embora obedecendo, em geral, para todos os indivíduos o mesmo esquema, é desigual, fazendo-se segundo ritmos diferentes. Esta desigualdade não constitui o fundamento do direito, mas não pode ser ignorada. A ambição do direito não é suprimi-la, mas apenas compensá-la, recusando-se a institucionalizar os privilégios distribuídos de forma arbitrária e contingente pela Natureza. De direito é dado a todos os homens o acesso à razão. Mas, de fato, este acesso se faz de forma mais ou menos perfeita. A possibilidade de que se constitua um conhecimento do todo e das leis da razão, antes da instauração das sociedades políticas, acha-se inscrita na natureza humana desde o *segundo estado* do seu desenvolvimento, que corresponde ao momento da *Sociedade nascente*. É neste momento, segundo afirma Rousseau na *Carta a Beaumont*, que o homem tem acesso às noções formais de ordem, relação e conveniência:

> "Quando, por um desenvolvimento sucessivo de que mostrei o progresso, os homens começam a lançar os olhos sobre seus semelhantes, eles começam também a ver suas relações e as relações das coisas, a adquirir ideias de conveniência, de justiça e de ordem; o belo moral começa a se tornar sensível e a consciência age. Então, eles têm virtudes, e se têm também vícios é porque seus interesses se cruzam e sua ambição desperta, na medida em que suas luzes se estendem. Mas enquanto há menos oposição de interesses do que concurso de luzes, os homens são essencialmente bons. Eis o segundo estado"[19].

18 *O.C.*, t. III, *Discours sur l'inégalité*, p. 131.
19 *O.C.*, t. IV, *Lettre à Christophe de Beaumont*, p. 936-937.

O conhecimento do todo é possível. Se a intervenção pedagógica da sociedade é, por outro lado, necessária, é em virtude do caráter conflitual da natureza humana. A presença do outro pode, com efeito, conduzir mais fortemente os indivíduos em direção ao amor-próprio do que em direção ao amor à ordem. Sendo difícil o acesso à razão, é natural, pois, que a grande multidão se revele menos apta a ele do que certos indivíduos. E é natural que o saber seja reservado, quase como um privilégio, a estes indivíduos. Os *autores elementares*, usurpadores do templo do saber, merecem uma condenação tão veemente quanto os tiranos, usurpadores do poder pertencente ao povo.[20] Ao *democratismo* que se afirma através da ideia da soberania popular acrescenta-se, assim, uma espécie de compensação *aristocrática*. Não podendo ser tomada do lado da multidão, que é cega, a razão deve ser buscada no extremo oposto, na individualidade excepcional. A única possibilidade de concretização do ideal político, oferecida pela ordem natural, é a de que os *preceptores do gênero humano* se encarreguem de guiar os povos fazendo-os atender à verdadeira vocação que é a sua. Graças à desigualdade presente no seio das coletividades o problema pode ser resolvido. Mas o ideal só pode ser concretizado se nos curvamos às exigências próprias da ordem natural: o melhor *possível*, nestas condições, é a condução dos povos por indivíduos excepcionais, dotados de qualidades de espírito e de alma fora do comum.

O Legislador se apresenta, assim, como o veículo através do qual a razão informa a história humana. É ele o *sujeito* histórico por excelência, pelo menos nesta fase de instituição do corpo político, na medida em que é um *representante* ou *substituto* do corpo político, *sujeito do direito*. Enquanto substituto, entretanto, nenhum direito lhe pode ser conferido e sua autoridade é provisória. Ele

20 *O.C.*, t. III, *Discours sur les sciences et les arts*, p. 28-29.

deve desempenhar o papel característico de uma *vanguarda* política destinada a se suprimir, a deixar a arena histórica uma vez cumprida sua missão. Completada esta missão, os povos poderiam, a exemplo de Emílio, dizer a seus preceptores: "*Reposez-vous*". O Legislador surge, pois, para preencher uma lacuna, para ocupar provisoriamente um lugar que de direito pertence ao povo ideal que se trata de instituir.

Nesta concepção relativa às limitações da grande multidão, as quais implicam em um desequilíbrio entre a sua vontade e o seu entendimento, que só pode ser sanado pelo recurso ao Legislador, acha-se presente um *paternalismo* incontornável, que atenua o *democratismo* aparentemente ultrarradical de Rousseau. A concepção da ordem justa, apresentada no primeiro livro, pode dispensar a figura do Legislador, já que não se desenvolve no plano da história. De fato, esta figura é tão necessária à realização da ordem justa quanto o é a presença do povo reunido. Sem estes dois termos a sociedade não é viável: sem o Legislador o bem público permaneceria irremediavelmente indeterminado.

*

A missão do Legislador é, pois, a de fixar o bem público, definindo as condições que deverão ser observadas pelas partes contratantes. Mas a atribuição de um conteúdo à vontade geral e a organização de poderes capazes de garantir a ordem pública não parecem, entretanto, esgotar a tarefa de conservação do corpo político.

Já vimos que o corpo político só existe efetivamente quando se dá uma verdadeira união entre seus membros. Não há corpo político onde não há *cidadãos*, cuja virtude própria é o amor à pátria ou a capacidade de sacrifício em nome do bem público. Ora, o homem não é naturalmente *cidadão*. A tomada de consciência da necessidade da associação das suas forças não é necessariamente acompanhada pelo abandono do seu egoísmo: se cada homem busca o auxílio de seu semelhante é tendo em vista assegurar sua própria conservação, ameaçada diante da desproporção entre suas forças naturais e os novos obstáculos que é obrigado a enfrentar. O homem, neste momento, é aquele que se guia, sobretudo, pelo princípio do útil, a que se refere o texto do início do *Emílio* já citado. Daí a dificuldade que tem o filósofo em convencer o *homem independente*, do *Manuscrito de Genebra*, das vantagens da vida em sociedade.

No limiar da vida *civil*, não somente os homens independentes são incapazes de conhecer a ordem e o bem público, como, além disso, não se acham *naturalmente* inclinados a submeter-se a ele, mesmo quando o conheçam. São, ao contrário, rebeldes à disciplina social. O que significa que a fixação do bem público, por intermédio da declaração legal da vontade geral, não pode deixar de ser acompanhada de uma ação sobre os homens, sob pena do corpo político se desagregar diante dos golpes crescentes do amor-próprio que se desenvolve. Mas o remédio contra esta rebeldia natural não pode residir apenas na força repressiva do governo. Para que um mero agregado se converta numa verdadeira associação não basta tornar manifesto o bem público que deverá orientar o comportamento de cada membro da associação, nem constranger os homens, pela força, a se submeterem às leis; é necessário, além disso, agir sobre os homens que se associam a fim de que se altere o princípio segundo o qual eles agem ou, por outras palavras, é necessário impedir que o amor-próprio se constitua na paixão dominante. Uma associação não existe onde não há cidadãos. Logo, cabe primordialmente ao Legislador formar *cidadãos*, converter o homem independente natural em verdadeira parcela do todo social. Já vimos, no texto citado do *Emílio*, que as melhores instituições sociais são as que sabem melhor *desnaturar*.

> "Aquele que ousa empreender a instituição de um povo – lemos ainda no capítulo sobre o Legislador – deve se sentir em estado de mudar, por assim dizer, a natureza humana; de transformar cada indivíduo, que por si mesmo é um todo perfeito e solitário, em parte de um todo maior, de que este indivíduo recebe de alguma forma sua vida e seu ser; de alterar a constituição do homem para reforçá-la; de substituir uma existência parcial e moral à existência física e independente que todos nós recebemos da natureza"[21].

Para ser adequada a seu objeto – que é o de organizar a sociedade de tal forma que a vontade geral prevaleça – a ação do Legislador não pode deixar de assumir esta forma. Considerando-se os *homens tais como são*, uma sociedade justa não pode se constituir se os membros da associação não forem guiados por um indivíduo excepcional que não somente mostre os rumos que devem seguir, como, igualmente, transforme-os, extirpando, por meio de uma ação pedagógica, os fatores que, na sua natureza, funcionam como obstáculos à sua efetiva união. Sem uma ação desta ordem, um corpo político jamais poderá realizar-se. É certo que a *natureza* – como nos diz a *Profissão de Fé* – dá aos homens os instrumentos necessários para que cumpram os fins a que se destinam. Se é verdade que os homens não têm conhecimento inato do bem, não é menos verdade que Deus lhes fornece uma razão, instrumento adequado que os torna aptos a adquirir aquele conhecimento. E logo que a razão o conhece – nos diz ainda a *Profissão de Fé* – a *consciência*, este instinto divino, nos leva a amá-lo. O texto da *Profissão de Fé* parece justificar o "espontaneísmo"[22]. É preciso, entretanto, acrescentar: desde que o amor-próprio não intervenha, abafando a voz deste

21 *O.C.*, t. III, *Du contrat social*, II, 7, p. 381.
22 Ver também o final do *Discours sur les sciences et les arts*.

instinto, deste sentimento inato de amor ao bem. Para que a voz da consciência se faça sentir efetivamente é necessário que intervenha a arte humana, que o avanço do amor-próprio seja bloqueado. Se é verdade que o Legislador encarna a *Razão*, não é menos certo que, na sua ação, não deve limitar-se simplesmente à revelação da ordem natural, tornando patente, para a maioria dos homens, o bem que devem amar. Esta simples revelação seria suficiente se a *vontade* dos homens fosse reta: do simples conhecimento do bem seguir-se-ia, então, automaticamente, o amor à ordem. Não é esta, todavia, a situação em que se encontram, no momento em que se coloca para eles o problema da colaboração com o outro: sua vontade, longe de conduzi-lo ao bem, não é boa, dirigida que está para as preferências. Para que a ação do Legislador seja eficaz é necessário, em consequência, que ela se faça de forma a comprometer a própria vontade dos homens, a alterar o seu querer, dando-lhe a direção adequada. Instituir um povo não é assim simplesmente *esclarecer* o seu entendimento limitado, livrá-lo dos seus *preconceitos*, mostrando-lhe a verdade. Trata-se de agir, igualmente, sobre a *vontade* dos homens, como mostra claramente o final do capítulo anterior, sobre a Lei: "Os particulares veem o bem que rejeitam: o público quer o bem que não vê. Todos têm igualmente necessidade de guias: é preciso *obrigar a uns a conformar suas vontades* à sua razão; é preciso ensinar ao outro a conhecer o que quer"[23]. Ainda que a *vontade geral* seja sempre boa, é necessário que o bem seja revelado e, por outro lado, mesmo que o bem seja conhecido, é ainda necessário retificar a vontade dos particulares. E é fácil reconhecer que é esta última a situação que caracteriza os *povos* no momento em que é reclamada a intervenção do Legislador: neste momento, com efeito, o público não passa de uma mera abstração, constituído, na realidade, por

23 *O.C.*, t. III, *Du contrat social*, II, 6, p. 380.

particulares entre os quais inexiste uma verdadeira união. Instituir um povo significa, pois, em uma palavra, fazê-lo amar as leis que exprimem a vontade geral. Nós vemos, assim, que entre o simples estabelecimento do *contrato* e a existência de um verdadeiro corpo político interpõe-se um abismo, que só pode ser franqueado pela ação do Legislador. *Conservar* o corpo político quer dizer, assim: do ponto de vista do todo, dar-lhe, através de leis e de um governo, os instrumentos necessários para que ele subsista como todo dotado de um eu comum e de uma só vontade; do ponto de vista das relações entre os seus membros, significa promover entre eles uma verdadeira união afetiva, fortalecer o *laço social*, convertendo o sistema dos *besoin* numa Pátria; finalmente, considerando-se cada membro isoladamente, significa *alterar* sua constituição, desnaturá-lo, transformando os homens independentes em verdadeiros cidadãos.

A ação do Legislador, como podemos ver, só adquire uma feição concreta se a colocamos na perspectiva do segundo *Discurso*: é a este texto que nos remete a "consideração humana das coisas". Verificamos, então, que não pode ser confundida com a atividade do simples *legista*, constituindo a verdadeira ação *política*. Se considerarmos o *Contrato* isoladamente, poderemos incorrer no erro de interpretá-la como simples elaboração de leis. Nesta perspectiva abstrata, *conservar* o corpo político parece resumir-se à elaboração do sistema de leis civis e de leis que organizam o governo. Esta simples elaboração de leis não é, entretanto, suficiente para *conservar* de fato o *corpo político*, concebido nos termos referidos. Este objetivo só pode ser alcançado se a ela se somar uma ação de *desnaturação* dos membros da associação, de que o quadro de corrupção traçado pelo segundo *Discurso* representa o negativo fotográfico. A história dos progressos da desigualdade, aí apresentada, é a história da contínua desagregação dos *corpos políticos* defeituosos constituídos pelo vício humano. O segundo *Discurso* delineia os mecanismos de formação dos males, que conduzem a uma má *alteração* da natureza humana e ao predomínio definitivo do amor-próprio. Esta evolução, embora *natural*, não se faz de acordo com os planos da Providência. Ao lado desta, há uma outra história possível, que para efetivar-se tem necessidade da colaboração do Legislador. Esta ação leva, pois, a adotar o caminho oposto ao que nos traça o segundo *Discurso*. O indivíduo, nas sociedades em que o pacto não se cumpre, torna-se, cada vez mais, o centro do universo, preferindo a tudo o seu interesse particular. A boa *desnaturação*, ao contrário, visa à constituição de um indivíduo que busque acima de tudo o interesse comum, transformando o indivíduo independente em mera parte de um todo mais perfeito. O paradoxo desta *desnaturação* é que, ao mesmo tempo em que se faz contra a *natureza* – já que anula o indivíduo independente – ela se apoia na natureza, já que nada mais faz do que propiciar o desenvolvimento do *amor de si*, criando as condições para que ele se converta no *amor da ordem* ou *amor da pátria* pelo bloqueio das manifestações do amor-próprio.

CAPÍTULO IV

A medida da força das leis

Sabemos qual é a forma essencial a ser conferida à ordem pública. Sabemos, igualmente, qual a modalidade da ação constitutiva desta ordem, assim como qual o agente histórico desta constituição. Resta saber como deve agir, efetivamente, o Legislador a fim de que se instaure a melhor ordem possível. Antes de definir os princípios metodológicos da ação do Legislador – o que será feito nos dois capítulos finais do Livro II – Rousseau indaga sobre os limites desta ação. Enumerando as condições que tornam um povo próprio para a legislação – nos três capítulos (8, 9 e 10) sobre o Povo – determina, ao mesmo tempo, as condições que tornam possível, historicamente, algo como uma República. A operação de medida do ideal político fixado completa-se, assim, com estes três capítulos.

Na versão original do *Contrato*, estes capítulos, reunidos em um só – *Du Peuple à Instituer* – apareciam sob o aspecto de uma digressão. "Embora eu trate aqui do direito e não de conveniências – dizia Rousseau no parágrafo inicial deste capítulo –, não posso me impedir de passar os olhos sobre aquelas que são indispensáveis em qualquer boa instituição"[1]. A supressão deste parágrafo na versão definitiva mostra que longe de constituir uma peça secundária, acrescentada de maneira contingente ao corpo do trabalho, estes três capítulos procedem a uma operação essencial. São eles que nos dizem sob que condições é possível, concretamente, o melhor possível fixado abstratamente. Se o objeto do *Contrato* é o *direito*, sua análise não se esgota com a simples determinação daquilo que é o direito. O que importa saber, aliando-se *justiça* e *utilidade* e aquilo que o direito permite com aquilo que o interesse *prescreve*, é qual o direito *possível*. Sua determinação abstrata já leva em conta, conquanto de maneira ainda abstrata, as *prescrições* do interesse, ou seja, o campo dos possíveis. A partir deste momento, completando--se a operação, a consideração dos possíveis se concretiza. O ideal só é possível, concretamente, se existirem *leis* e se um Legislador se encarregar da sua promoção. São estas as primeiras condições, tomando-se os homens tais como são. Agora o inventário das condições se completa, considerando-se o objeto sobre o qual recai a ação constitutiva do Legislador, ou seja, o *povo*. Como deve ser o povo para que algo como uma *República* seja possível? É esta a questão que os três capítulos resolvem, antes de, nos capítulos finais, serem definidos os princípios de ação do Legislador. Vemos como esta nova etapa da operação de medida corresponde a um abandono do ponto de vista principalmente jurídico que até então prevalecera. O *povo*, de que nos falam os capítulos anteriores, é ainda uma mera abstração jurídica. Agora, ele passará a ser considerado sob os diferentes aspectos ou sob as diferentes relações que o constituem.

1 *O.C.*, t. III, *Manuscrit de Genève*, II, 3, p. 318.

*

Rousseau enumera quatro condições que tornam um povo próprio para a legislação. A primeira, a de que o povo considerado seja ainda um povo *jovem*: "Os Povos, assim como os homens, não são dóceis senão na sua juventude, envelhecendo, tornam-se incorrigíveis". Em seguida, é necessário que o território tenha uma extensão média, que não seja "nem muito grande para poder ser bem governado, nem muito pequeno para poder se manter por si mesmo". Além disso, que haja uma *justa proporção* entre a grandeza do território e a população, de forma que "a terra baste para a manutenção de seus habitantes e que haja tantos habitantes quantos a terra possa nutrir". E, finalmente, que o povo "goze da abundância e da paz", uma vez que o "tempo em que se ordena o Estado é, como aquele em que se forma um batalhão, o instante em que o corpo é o menos capaz de resistência e o mais fácil de destruir". A operação a que procede Rousseau, nestes três capítulos, é, como vemos, a de inventariar todas as possibilidades e a de fixar, dentre todas elas, a melhor. No final do Capítulo 10, Rousseau resume este balanço, enumerando todos os possíveis:

> "Que povo – diz ele – é, pois, próprio para a legislação? Aquele que, encontrando-se já ligado por algum laço de origem, de interesse ou de convenção, ainda não sofreu o verdadeiro jugo das leis; que não tem nem costumes nem superstições bem enraizadas; que não teme ser destruído por uma invasão súbita; que, sem entrar nas querelas de seus vizinhos, pode resistir sozinho a cada um deles ou ligar-se a um para repelir o outro; aquele em que cada membro pode ser conhecido de todos e em que não se é forçado a sobrecarregar um homem com um fardo maior do que ele possa suportar; aquele que pode dispensar os outros povos e que qualquer outro povo pode dispensar; aquele que não é nem rico nem pobre e pode

bastar-se a si mesmo; enfim, aquele que reúne a consistência de um povo antigo com a docilidade de um povo novo"[2].

Ele aponta aqui oito possibilidades, descrevendo negativamente "o melhor possível", que no corpo dos três capítulos era designado positivamente. O que nos importa é determinar o princípio que preside a esta classificação das diferentes situações em que os povos podem se encontrar.

Até o Capítulo 8, a reflexão, como vimos, foi guiada pela natureza do homem, isto é, pelo *interesse* dos homens para os quais se trata de encontrar uma regra de administração. Mas como se trata de saber o alcance da ação política, que se aplica não aos homens em geral, mas a povos determinados, a simples consideração do *interesse* deixa de ser suficiente. É necessário prosseguir na análise da natureza, tomando-se os homens tais como são não apenas em geral ou abstratamente – ou apenas como interesse – mas tais como são concretamente, vivendo na história e em situações diferentes. Todos os homens são guiados essencialmente pelo interesse particular, mas eles são diferentes uns dos outros, as situações em que se encontram são variadas, tanto no tempo como no espaço. O que vai guiar a reflexão do Legislador, daqui por diante, não será mais a natureza geral dos homens, mas as suas diferenças. E é ainda a exigência metodológica de se orientar pela natureza que reclama este passo à frente, que exige necessariamente a consideração da particularidade e das diferenças existentes entre os homens.

Trata-se para o Legislador de saber em que condições é possível realizar a ordem política na qual a vontade geral seja soberana. Nós sabemos que esta ordem é a melhor possível. Logo, trata-se de determinar, considerando-se todas as diferentes situações da vida dos

2 *O.C.*, t. III, *Du contrat social*, II, 10, p. 390-391.

povos, qual a situação melhor possível, qual o ponto máximo desta série. Ou, por outras palavras, o que é necessário fazer agora é marcar, na série da evolução do gênero humano traçada pelo segundo *Discurso*, aquele ponto que representa o grau máximo da série. Em um texto da *Carta a d'Alembert*, diz Rousseau:

> "Leis bem executadas? Trata-se de saber se isso é possível: pois a força das leis tem sua medida; a dos vícios que ela reprime tem também a sua. Não é senão depois de ter comparado estas duas quantidades e encontrado que a primeira ultrapassa a outra, que podemos nos assegurar da execução das leis"[3].

A possibilidade da ação política é medida, assim, em função das forças respectivas destas duas quantidades comensuráveis: as leis e os vícios. Considerando-se as diferentes situações em que podem se encontrar os povos e de que o segundo *Discurso* nos apresenta um quadro completo, para saber em que situação é possível realizar o ideal concebido é necessário avaliar todas as diferentes situações em função da intensidade respectiva que nelas possuem estas duas grandezas variáveis. Os três capítulos sobre o povo nada mais fazem, pois, do que determinar, simultaneamente, o grau máximo de força de que são suscetíveis as leis e o grau mínimo de força que os vícios podem ter. Grau este cuja localização já está prevista na escala de corrupção construída pelo segundo *Discurso*, na qual se acham fixados todos os graus de intensidade que a força dos vícios pode atingir até o termo extremo, o grau máximo de força dos vícios. Um povo próprio para a legislação é, assim, aquele no qual os vícios se acham na sua mais baixa intensidade. Ao enumerar, nestes três capítulos, as condições que tornam um povo próprio para a legislação, Rousseau nada mais faz do que considerar os diferentes fatores da vida dos povos em função

3 *O.C.*, t. V, *Lettre à d'Alembert*, p. 60.

dos quais varia a força dos vícios e fixar neste território acidentado o segmento em que os fatores de corrupção são menos influentes e, por conseguinte, no qual o edifício que se pretende construir possa se implantar com mais solidez. As diferentes situações em que os povos podem se encontrar são avaliadas em função da relação particular que mantêm nelas as duas grandezas – a força das leis e a dos vícios – que se pretende medir: aquelas situações nas quais a segunda for maior do que a primeira serão excluídas, como regiões definitivamente perdidas para esta modalidade de ação política.

*

Vejamos mais de perto como é que se determinam as condições que tornam um povo próprio para a legislação. O retrato do povo *ideal* é traçado, levando-se em conta vários elementos pertinentes à vida dos povos. Vemos, primeiramente, que ele é considerado quanto à sua *idade*. Em seguida, quanto às suas dimensões. Depois, quanto às suas relações com seus vizinhos sob o ponto de vista da sua autossuficiência. Finalmente, quanto ao instante da sua vida. O exame das *conveniências* é, assim, a consideração das circunstâncias de tempo e de lugar da vida dos povos. Há duas *variáveis* temporais, a *idade* e o *instante* e duas *variáveis* espaciais, as dimensões e as relações com o exterior. Ou, por outra, os dois traços pertinentes – a "situação local" e o "caráter dos habitantes"[4] – são considerados sob dois pontos de vista: em si mesmo e na sua relação com o outro. E eles são suscetíveis, sob cada um destes pontos de vista, de valores de ordem diferente. Considerada em si mesma, por exemplo, a situação local é o território com suas diferentes grandezas. O *caráter dos habitantes*, considerado em si mesmo, recebe diferentes valores:

4 *O.C.*, t. III, *Du contrat social*, III, 1, p. 399.

o povo é mais ou menos viciado. Considerada na sua relação com o caráter dos habitantes, por outro lado, a situação local pode ser mais ou menos fértil, pode ter produções diferentes, climas diversos, etc. O *caráter* dos habitantes, por sua vez, deste ponto de vista, também varia: os homens podem ser mais ou menos trabalhadores, mais ou menos fecundos, etc. Os homens podem ser apreciados seja do ponto de vista moral, seja do ponto de vista das suas capacidades de trabalho. Assim como o território pode ser considerado seja de um ponto de vista puramente físico ou quantitativo, seja do ponto de vista das suas qualidades relativamente à subsistência humana.

Para que o Legislador faça alguma coisa, entretanto, não parece necessário que todas estas condições estejam presentes. A condição essencial, impeditiva de qualquer intervenção, é a primeira: um povo velho torna-se *incorrigível*. As outras condições apenas dificultariam a ação, mas não a impediriam. Seu resultado seria menos perfeito, mas algo ainda poderia ser feito e uma República poderia realizar-se aproximativamente.

Na *Carta a d'Alembert*, Rousseau aponta apenas uma condição: o que torna impossível a ação do Legislador, diz este texto, é que a força das leis é inferior à dos vícios que elas devem reprimir.[5] Ora, a perda do poder das leis corresponde ao que Rousseau denomina, no *Contrato*, de *morte do corpo político*:

> "O princípio da vida política está na autoridade soberana. O poder legislativo é o coração do Estado, o poder executivo é o seu cérebro, que dá o movimento a todas as partes. O cérebro pode cair em paralisia e o indivíduo viver ainda. Um homem fica imbecil e vive: mas desde que o coração cessa suas funções o animal está morto"[6].

5 *O.C.*, t. V, *Lettre à d'Alembert*, p. 60.
6 *O.C.*, t. III, *Du contrat social*, III, 11, p. 424.

Esta submissão do poder legislativo corresponde ao triunfo do despotismo, o qual, segundo o *Discurso sobre a Desigualdade*, constitui o último *grau* dos progressos da desigualdade[7], o último termo de seu processo de desenvolvimento, podendo, por conseguinte, ser considerado como o momento da *velhice* do corpo político. A ordem social subsiste, ingressando na sua velhice, enquanto o *corpo político* propriamente dito já está morto. Uma objeção, entretanto, se apresenta. Iniciando o Capítulo 7, sobre o povo, Rousseau cita em exemplo Platão e sua atitude diante dos Arcadianos e Cirenaicos: "sabendo que estes dois povos eram ricos e não podiam sofrer a igualdade", Platão recusou-se a elaborar leis para eles. Ora, que um povo não seja nem rico nem pobre, mas medíocre, é uma das condições que o tornam próprio para a Legislação e que Rousseau vai apontar logo a seguir. Deverá esta condição ser considerada também como uma condição impeditiva? Um povo *rico* deve ser considerado como um povo com relação ao qual a força das leis não pode ser superior à força dos vícios ou a condição de riqueza não seria senão um obstáculo que dificultaria a ação do Legislador sem impedi-la? Sem sabermos o que é que corrompe o povo, seremos incapazes de resolver a dificuldade. É preciso determinar o que é que impede um povo de se submeter às leis, o que é que faz a força dos vícios irremediavelmente superior à força das leis e o que significa falar em força das leis e dos vícios.

*

O que faz a diferença essencial entre o homem bom e o homem mau é que o "bom se ordena com relação ao todo e que o

7 *O.C.*, t. III, *Discours sur l'origine de l'inégalité*, p. 187.

mau ordena o todo com relação a si"[8]. Ser bom é submeter-se à *ordem* instaurada pelo Criador. A virtude consiste na submissão a esta ordem, na aceitação deste lugar subordinado na hierarquia das perfeições por parte do homem, assim como a desordem consiste na subversão desta hierarquia.

Ora, o homem é bom, já que *tudo é bom saindo das mãos do Autor das coisas*. Naturalmente, ele se inclina a respeitar a ordem moral que preside o universo. Entretanto, o espetáculo dos homens apresenta um violento contraste com relação ao do mundo. "Onde está a ordem que eu observava? O quadro da natureza não me oferecia senão harmonia e proporções, o do gênero humano não me oferece senão confusão, desordem! O concerto reina entre os elementos e os homens estão no caos"[9]. E se tudo é bom saindo das mãos do Autor das coisas, tudo degenera entre as mãos dos homens. Os homens são corrompidos, recusam-se a aceitar a ordem e cada qual se faz centro do universo. Um povo sadio, por conseguinte, será aquele cujos componentes forem capazes de se submeter à ordem social ou à vontade geral, renunciando a se fazer o centro do universo. "A virtude, com efeito – como nos diz a *Economia Política* – não é senão a conformidade da vontade particular à geral"[10]. Ao contrário, um povo vicioso ou corrompido – e é o caso da maioria dos povos existentes – é aquele cujos componentes perseguem acima de tudo a satisfação dos seus interesses particulares. Se as condições enumeradas nos três capítulos sobre o povo são as que fazem o povo próprio para a Legislação, isto se deve ao fato de que estas condições favorecem o predomínio da vontade geral sobre as vontades particulares. Não estaremos, porém, em condições de

8 *O.C.*, t. IV, *Émile*, IV, p. 602.
9 *Id., ibid.*, p. 583.
10 *O.C.*, t. III, *Discours sur l'économie politique*, p. 252.

compreender por que, se antes não nos referirmos ao estatuto do mal e da corrupção.

O mal não é *natural* ao homem. Sendo livre, porém, o homem pode praticar o bem e o mal. Ele pode seguir os seus impulsos, submetendo tudo à satisfação dos seus interesses materiais, ou submeter-se à ordem que sua razão e sua consciência lhe indicam. Ele não é, porém, *virtuoso*. Não pratica o bem por virtude, dada a ineficácia da sua razão. Mas isto não significa que esteja irremediavelmente condenado à prática do mal. Se não é naturalmente *virtuoso*, ele é *bom* naturalmente. O Autor das coisas *proveu a sua conservação, dando-nos sentimentos convenientes à nossa natureza*. De um lado, o *amor de si* que nos incita a procurar a nossa conservação própria. De outro, a *consciência*, instinto divino que nos inclina irresistivelmente ao *amor à ordem*, desde que a razão nos faz conhecer esta ordem. Mesmo no seu estado primitivo, o homem é bom. Por bondade, ele deixa de praticar o mal, na medida em que traz consigo o sentimento de *piedade*, esta *répugnance à mal faire* inata, que nos torna solidários de todo ser sensível, fazendo-nos sofrer diante do espetáculo de seu sofrimento e que *desenvolvida* – como nos diz a *Carta a Beaumont* – transforma-se na *consciência* ou no *amor à ordem*. O homem se corrompe quando seu *coração* se altera, quando o amor de si se torna amor-próprio.

Para que o homem se submeta à ordem moral é necessário, portanto, que seja capaz de amar a ordem, que seja sensível ao que lhe diz sua *consciência*. Tornar-se mau, para o homem, é insensibilizar-se à voz da *consciência*. Esta surdez do homem para com a voz da consciência não se verifica, entretanto, a não ser quando ela é abafada por vozes mais fortes. Estas outras vozes, como vimos, são aquelas que falam ao nosso corpo. Mas, naturalmente, nada incita o homem à prática do mal: a única paixão que nasce com o homem, o *amor de si*, é uma "paixão indiferente nela mesma ao bem e ao mal"[11]. Corpo e alma, no estado primitivo, não falam linguagens diferentes: buscando sua conservação, levado pelo amor de si, vivendo em estado de isolamento total, o homem nada mais faz do que obedecer à ordem natural, à qual interessa a conservação da criatura. O que significa que um conflito só é possível uma vez transformado o amor de si em *amor-próprio*. Estas duas paixões são bem diferentes entre si, tanto por sua *natureza quanto por seus efeitos*, como nos diz a nota XV do *Discurso sobre a Desigualdade*. O *amor de si* é uma paixão natural que impele todo *animal* a velar por sua própria conservação, ao passo que o *amor-próprio* não é senão um sentimento "relativo, factício e nascido na sociedade, que leva cada indivíduo a fazer mais caso de si do que de todo outro, que inspira aos homens todos os males que eles se fazem naturalmente e que é a verdadeira fonte da honra"[12]. A possibilidade de uma hesitação entre as duas mensagens diferentes que nos envia a *natureza* só se dá, pois, com a condição de que estas duas paixões – o *amor-próprio* e o *amor à ordem* – estejam simultaneamente presentes e dotadas de uma força equivalente. Nós entendemos, assim, o que é que Rousseau pretende dizer ao utilizar as expressões *força dos vícios* e *força das leis*. Um povo deixa de ser disciplinável a partir do momento em que a força do amor-próprio sobrepuja a força da consciência, a partir do momento em que os homens já não amam senão a si mesmos. As leis só podem ser eficazes fazendo-se respeitar pelo povo cujas condições de vida elas regulam, se os indivíduos forem capazes de amá-las. Um povo jovem se define, pois, essencialmente, como um povo cujos componentes, na sua maioria, são capazes de amar as leis, ou, inversamente, um povo que não foi ainda dominado pelo amor-próprio.

11 *O.C.*, t. IV, *Lettre à Christophe de Beaumont*, p. 936.
12 *O.C.*, t. III, *Discours sur l'origine de l'inégalité*, p. 219.

Se nos voltarmos agora para o *Discurso sobre a Desigualdade*, verificamos que o amor-próprio só surge num momento bem determinado da evolução do gênero humano. Sendo um *sentimento relativo*, resultante das comparações que faço entre mim mesmo e meu semelhante, ele não pode existir no "estado de natureza"[13]. Só se manifesta depois que o homem entra em relação estável com seus semelhantes, abandonando o estado de isolamento primitivo. Mesmo a *consciência*, segundo a *Carta a Beaumont*, só pode se manifestar no *segundo estado*, que corresponde ao estado de *sociedade nascente* do *Discurso sobre a Desigualdade*. Neste segundo estado, com o desenvolvimento das *luzes*, propiciado pelo comércio com seus semelhantes, os homens começam a formar as ideias de *conveniência, justiça e de ordem*, e o *belo moral* torna-se-lhes sensível. A consciência age sobre eles e eles têm virtudes; se têm vícios – como nos diz a *Carta a Beaumont* – é pelo fato de que seus interesses entram em conflito e sua ambição começa a despontar. Entretanto, são ainda "essencialmente bons"[14].

O *amor de si*, paixão indiferente em si mesma ao bem e ao mal, já sofreu alguma alteração, mas não se converteu ainda em amor-próprio. A transformação só se dará num terceiro estágio, depois da invenção da Agricultura e da Metalurgia, da divisão do trabalho que se segue a ela e do estabelecimento da propriedade privada[15]. É somente aí que o amor de si, posto em fermentação, torna-se amor-próprio e que o amor à ordem passa a ser seriamente ameaçado por esta paixão que o contraria. Com a intensificação das relações sociais, com o aumento dos conflitos de interesse e um maior desenvolvimento das luzes, o amor-próprio acaba, finalmente, abafando

13 *Id., ibid.*, p. 219.
14 *O.C.*, t. IV, *Lettre à Christophe de Beaumont*, p. 937.
15 *O.C.*, t. III, *Discours sur l'origine de l'inégalité*, p. 219.

a voz da consciência: "[...] então – diz ainda a *Carta a Beaumont*, referindo-se a este momento – a consciência, mais fraca do que as paixões exaltadas, é afogada por elas e não continua sendo, na boca dos homens, mais do que uma palavra feita para que se enganem mutuamente". E é depois deste período, uma vez predominante o amor-próprio, que nada mais resta a fazer: "Eis aí, senhor, o terceiro e último termo, para além do qual nada resta a fazer [...]"[16].

Tanto o despertar da *consciência* quanto o aparecimento do amor-próprio dependem, como vemos, dos mesmos fatores: ambos pressupõem, de um lado, a estabilização das relações sociais e, de outro, o desenvolvimento das *luzes*. As nossas *paixões*, com efeito – como lemos no segundo *Discurso* – tiram sua "origem de nossas necessidades e seus progressos de nossos conhecimentos". No estado primitivo, dependendo exclusivamente da Natureza e não de seus semelhantes, e confinado às *puras sensações*, o homem é insensível tanto ao *belo moral* quanto ao mal. A alteração dos seus *besoins*, com a passagem para o estado civil, dará origem a novos *sentimentos* e o desenvolvimento das *luzes* fortalecerá estes sentimentos. Como entender, exatamente, a ação destes dois fatores?

A partir de um determinado momento da sua evolução o homem passa a ser o principal *besoin* para o próprio homem[17]. No estado primitivo, suas necessidades são puramente *físicas*, os únicos bens que conhece no universo são a comida, uma fêmea e o repouso, e os únicos males que teme são a dor e a fome. Dispersos na natureza, os homens são dominados pelos mesmos instintos, todos agem da mesma maneira. Esta uniformidade só é quebrada em virtude das diferenças que o próprio universo físico apresenta. Buscando a satisfação dos mesmos desejos, os homens são obrigados a enfrentar

16 *O.C.*, t. IV, *Lettre à Christophe de Beaumont*, p. 937.
17 *O.C.*, t. III, *Discours sur l'origine de l'inégalité*, p. 169.

obstáculos diferentes. As diferenças "dos terrenos, dos climas, das estações", forçam-nos a adotar diferentes "maneiras de viver"[18]. A diferença das condições materiais de vida será uma primeira fonte de diferenciação das condutas, dos atos, dos costumes. Com a estabilização das relações sociais, verifica-se uma *revolução* fundamental. Passando o homem a ser o principal *besoin* para o próprio homem, as relações interindividuais e a maneira pela qual se desenvolvem é que constituirão o principal fator de que dependerão os comportamentos. Entre um indivíduo e a natureza física interpõe-se outro indivíduo. Até então, eles se ignoravam uns aos outros. "Neste estado – diz a *Carta a Beaumont* – o homem não conhece senão a si mesmo". Mesmo este conhecimento de si, entretanto, neste mundo nebuloso das *puras sensações*, não é verdadeiro conhecimento do eu, mas apenas o "sentimento da sua existência"[19]. O único laço que une os indivíduos, nos seus encontros raros e fortuitos, é o impulso sexual cego. O indivíduo conhece o outro como puro objeto de satisfação sexual igual aos outros objetos que a natureza lhe oferece para o atendimento de suas necessidades. Gradativamente este objeto vai-se destacando entre todos os outros, o indivíduo observa entre si mesmo e o outro certas "conformidades"[20], verifica que o outro reage da mesma forma que ele diante de circunstâncias análogas e acaba descobrindo-se e ao outro como pertencentes a uma mesma espécie, distinta da espécie animal. E esta descoberta é acompanhada por um movimento em sua direção que já não se confunde com o simples impulso sexual. De puro objeto sexual o outro se transforma em companheiro de aventura, diante do qual duas atitudes fundamentais são possíveis: a colaboração ou a

18 *Id., ibid.*, p. 165.
19 *Id., ibid.*, p. 164.
20 *Id., ibid.*, p. 166.

luta. Descobrir o outro como semelhante é descobri-lo ao mesmo tempo como obstáculo ou, ao contrário, como auxiliar na luta pela sobrevivência. À *sociedade* animal do sexo, substituem-se, então, associações passageiras, constituídas na base do *interesse presente e sensível*[21]. Posteriormente, com o progresso técnico representado pela construção das cabanas – o que conduz a uma proximidade maior entre os indivíduos – os sentimentos que os ligam se alteram, aparecendo neste momento o amor conjugai e o amor paterno. O outro é descoberto não mais como semelhante, mas como indivíduo distinto, ao mesmo tempo em que o indivíduo se conhece como indivíduo singular. Seus sentimentos, com os novos *besoins* e os novos conhecimentos, sofrem nova alteração. Surgem os sentimentos de preferência e de amor, até então desconhecidos. E o *amor de si*, que levava o homem a cuidar da sua conservação animal, será substituído pelo amor-próprio que o incita a lutar pela afirmação deste eu singular cuja descoberta acaba de fazer. "Cada qual começou a ver os outros e a querer ser visto por sua vez, e a estima pública teve um preço"[22]. Dá-se, assim, o primeiro passo em direção à desigualdade e aos vícios, destas primeiras preferências nascendo algumas paixões viciosas, como a vaidade, o desprezo, a vergonha e a inveja[23]. Os homens passam a querer a estima dos seus semelhantes e a aprovação alheia torna-se uma obsessão permanente. Estabilizando-se as relações sociais, o *amor das distinções*, ou o *furor de se distinguir* converte-se na paixão dominante. "Todos querem ser admirados. Eis o segredo e último fim das ações dos homens"[24]. A *opinião* passa a governar as ações dos homens:

21 *Id., ibid.*, p. 166.
22 *Id., ibid.*, p. 169.
23 *Id., ibid.*, p. 170.
24 *O.C.*, t. III, *De l'honneur et de la vertu*, Fragment 3, p. 503.

> "se nossos atos nascem de nossos próprios sentimentos, no estado de isolamento, eles nascem da opinião de outrem na sociedade. Quando não se vive em si, mas nos outros, são os seus juízos que regulam tudo; nada parece bom nem desejável aos particulares senão aquilo que o público julga tal, e a única felicidade que a maioria dos homens conhece é a de ser estimado felizes"[25].

Este estado de *alienação* é a principal consequência da passagem para a vida em sociedade.

Os homens podem se distinguir, porém, de diversas maneiras, seja pelo seu talento, pela sua beleza, pelo seu poder, pela sua posição na hierarquia social, pela sua riqueza, etc. A paixão que os domina tem a mesma forma: chama-*se furor de se distinguir*. Mas ela pode assumir conteúdos variados. Assim como as nossas *luzes* ou os nossos juízos é que, nos momentos anteriores, qualificavam as nossas paixões dando-lhes uma direção determinada, assim também os caminhos particulares, que o *amor das distinções* adotará para se satisfazer, dependerão das crenças, dos juízos dominantes na comunidade. Se um povo atribui maior valor, por exemplo, ao mérito pessoal do que à riqueza, os particulares procurarão distinguir-se pelo mérito pessoal, desprezando a acumulação de riquezas. O que significa que a dependência da opinião não é necessariamente fonte de condutas viciosas, apesar da dicotomia que instaura no indivíduo entre o ser e o parecer. O caráter vicioso ou não dos comportamentos dependerá dos costumes ou das crenças do povo. O triunfo do amor-próprio, a transformação do interesse pessoal no polo diretor de todo comportamento será, assim, função de um processo de corrupção dos costumes do povo. O estabelecimento da propriedade, embora constitua o campo para

25 *O.C.*, t. V, *Lettre à d'Alembert*, p. 62.

os conflitos de interesse, não produz imediatamente o primado do *interesse*. É certo que o *estado de rico e de pobre* foi autorizado pela *primeira época*, ou seja, com o estabelecimento do direito de propriedade. São os ricos que fundam a sociedade civil, na esperança de preservarem suas propriedades dos ataques dos pobres[26]. Mas nesta primeira fase a riqueza ainda não é o valor dominante. De todas as *espécies de desigualdade* – a riqueza, a nobreza ou a posição social, o poder e o mérito pessoal – a "riqueza – diz Rousseau – é a última à qual elas se reduzem no fim, porque sendo a mais imediatamente útil ao bem-estar e a mais fácil de comunicar, servimo-nos dela facilmente para comprar todo o resto"[27]. "Observação – acrescenta ele – que possibilita julgar com bastante exatidão o quanto cada povo se distanciou de sua instituição primitiva e o caminho que percorreu rumo ao termo extremo da corrupção". A riqueza como signo privilegiado de distinção não é senão o *termo extremo* do processo de corrupção. Num primeiro momento o *amor das distinções* se funda somente nas diferenças *naturais* existentes entre os homens – talento, beleza, força – de que eles tomam consciência, mantendo relações sociais estáveis, mediante as comparações a que procedem. Mesmo a primeira distinção de fortunas tem origem nas diferenças naturais entre os homens: com a divisão de trabalho e a repartição das propriedades, as coisas poderiam permanecer iguais se os *talentos* tivessem sido iguais. Dotados naturalmente de capacidades diferentes, e trabalhando sobre as mesmas coisas, os homens obtêm resultados diferentes, maiores ou menores quanto maiores ou menores forem suas capacidades. A partir de então, para que o processo se aprofunde, para que a acumulação de riquezas tenha sentido, é necessário que, por

26 *O.C.*, t. III, *Discours sur l'origine de l'inégalité*, p. 177.
27 *Id., ibid.*, p. 189.

uma alteração dos valores e das crenças dominantes, o estado de rico e de pobre passe a ser cada vez mais valorizado pela comunidade. Em consequência, não somente o conteúdo que assumirá o *amor das distinções* é função das crenças dominantes em cada povo, variando de povo para povo, graças à variação destes costumes, mas, também, ele se altera num mesmo povo em função da alteração das crenças e dos costumes, caminhando no sentido de uma corrupção cada vez maior. Vemos, assim, como a corrupção deve ser entendida sobretudo como *corrupção de costumes* e que o estado dos costumes é a variável principal em função da qual deve ser julgada a saúde de um povo. A partir do momento em que a acumulação de riqueza passa a ser o valor dominante o povo já não tem mais salvação.

Entre o momento da instalação da propriedade e aquele no qual a riqueza não é ainda o valor dominante para todo o povo, situa-se o campo da política. É este o período da *juventude* ou da *maturidade* do povo, no qual ele é ainda vigoroso e no qual, por conseguinte, a ação do Legislador é possível. Até então, a ação do político era supérflua, sendo os homens *essencialmente bons*. A partir deste momento, torna-se necessária: depois do "estado de guerra" que sucede a "sociedade nascente" surge tanto o mau político, o rico mistificador, quanto o "verdadeiro político", que procura tornar os povos "felizes e bons"[28]. A necessidade de leis e de um governo se faz sentir, já que os homens não podem ser bons – e, pois, a ordem social não pode prevalecer – a não ser que se contrarie e se detenha o desenvolvimento natural do amor-próprio, das paixões e dos vícios. Este desenvolvimento verificado e a consciência subjugada torna-se, enfim, impossível a ação do Legislador. Doravante nada mais é capaz de conter o amor-próprio.

28 *O.C.*, t. IV, *Lettre à Christophe de Beaumont*, p. 937.

Nos dois períodos anteriores, o do estado de natureza e o da *sociedade nascente*, o combate às primeiras manifestações do *amor-próprio* não tem um caráter *político*. No primeiro é a *pitié* que modera, em cada indivíduo, a atividade do amor de si mesmo, é "ela que [...] ocupa o lugar das Leis, dos costumes e da virtude, com a vantagem de que ninguém é tentado a desobedecer a sua doce voz"[29]. É a própria *natureza*, como vemos, que se encarrega do combate. No segundo, as relações entre os homens tornadas permanentes e aparecendo os antagonismos de interesse, o *terror das vinganças* é que ocupa o *lugar do freio das Leis*, atenuando a luta pela busca de satisfação destes interesses. Ultrapassado este estágio, com o desenvolvimento do amor-próprio e do furor de se distinguir, torna-se necessário todo o aparato das leis e uma autoridade coercitiva para que a ordem.se imponha nas relações entre os homens. E a ação conveniente, capaz de conter a influência do amor-próprio dentro de limites aceitáveis, é a ação do Legislador. A passagem de um momento para outro obedece, como vemos, a um mesmo esquema: o *freio* que continha, num determinado período, as paixões dos homens, perde sua eficácia e deve ceder seu lugar a outro. Com uma primeira alteração do *coração* humano, a piedade natural já não é capaz de cumprir sua função moderadora. É necessário um substituto ou um novo *freio*. Em seguida, com uma nova alteração, o *terror das vinganças* torna-se impotente e a sociedade humana já não pode subsistir a não ser graças ao freio das leis e do governo. Finalmente, as próprias leis e o governo perdem sua eficácia e, então, já nada mais é capaz de conter as paixões humanas, cujo desenvolvimento atinge o grau extremo de que são suscetíveis.

O *espaço político* tem como limite inferior o estado de guerra que se segue à *sociedade nascente*. É preciso esperar que os povos

29 *O.C.*, t. III, *Discours sur l'origine de l'inégalité*, p. 156.

ultrapassem este estágio para submetê-los às leis, para não fazer como Pedro, o Grande, que *policiou* os russos cedo demais.[30] O limite superior é representado pela *velhice* que se caracteriza pela corrupção dos costumes e o triunfo do amor-próprio. Entre estes dois termos se interpõe um segmento de tempo no interior do qual os vícios aumentam gradativamente de intensidade, sem contudo ultrapassar a força das leis, aproximando os povos mais ou menos do termo final, graças à presença de fatores que favorecem os vícios.

Fica, assim, perfeitamente delimitado o *campo de aplicação* da ciência da legislação. Não se trata de um campo homogêneo, como vemos. Cada povo pode ocupar um lugar bem determinado e diferente dos lugares que os outros povos ocupam na escala decrescente da corrupção. Uma *República* será sempre possível no interior deste espaço de tempo, embora possa vir a ser menos ou mais perfeita, conforme as circunstâncias em que o povo se encontra a aproximem mais ou menos do termo final: sendo a força dos vícios uma grandeza variável, a força das leis também deverá variar. Se as outras condições que tornam um povo próprio para a legislação não estiverem presentes, sendo o povo, porém, ainda jovem, isto é, conservando ainda costumes sadios, a força das leis será menor do que na situação ideal, delineada pelos três capítulos sobre o povo, mas será ainda superior à dos vícios. Resultante de todas as outras condições, o *estado* dos costumes é, entretanto, a variável principal, guardando em consequência uma certa autonomia. A uma determinada configuração dos quadros políticos, econômicos e geográficos de um povo corresponde um determinado estado dos costumes, mas não se trata de uma relação de determinação. Os costumes dependem sobretudo da própria ação humana e sobretudo da atuação

30 *O.C.*, t. III, *Du contrat social*, II, 8, p. 386.

dos governos ou do Legislador: "As opiniões de um povo nascem de sua constituição; embora a Lei não regulamente os costumes, é a legislação que os faz nascer"[31]. Embora as condições físicas ou econômicas de um povo não sejam inteiramente favoráveis – o território pode ser excessivamente grande, a divisão da riqueza muito acentuada – nem por isso ele está irremediavelmente condenado à corrupção. Uma sábia intervenção do Legislador, formando costumes sadios, poderá compensar os defeitos presentes. Inversamente, ainda que as condições *materiais* sejam as melhores possíveis, o povo estará facilmente exposto à corrupção se as circunstâncias não forem aproveitadas, com a formação de costumes sadios.

Os três capítulos sobre o povo nada mais fazem, pois, do que determinar, simultaneamente, o grau máximo de força de que são suscetíveis as leis e o grau mínimo da força que os vícios podem ter. O segundo *Discurso* procederá à operação inversa, construindo a escala de corrupção e fixando todos os graus de intensidade que os vícios podem atingir até ao termo extremo, ao grau máximo. Possível, ao longo de todo o período assinalado, a intervenção do Legislador pode se inserir em dois momentos distintos da vida do povo e assumir duas formas diferentes: seja no início da vida do povo, para instituí-lo, seja perante um povo já com um governo constituído mas ainda não totalmente corrompido, para reformar o seu governo, detendo o processo de corrupção. E é evidente que, no primeiro caso, a ação do Legislador terá bem maiores possibilidades de êxito e o resultado da operação aproximar-se-á muito mais da norma ideal fixada. Um povo institucionalmente virgem constitui um solo muito mais fácil de trabalhar, cujas resistências são muito pequenas. Já moldado por instituições políticas, com *costumes* já enraizados, o povo resiste mais ao trabalho de purificação.

31 *Id., ibid.*, IV, 7, p. 459.

O que torna *penosa* a obra da Legislação é, com efeito, – como Rousseau nos diz no final destes três capítulos – menos o que *é preciso estabelecer, do que o que é preciso destruir*.

A cada estágio de desenvolvimento das relações entre os homens corresponde, assim, não apenas uma forma de organização, um sistema de leis diferente, conveniente a este estágio, mas também um tipo determinado de ação política. Ao lado da tipologia dos governos, que estabelece o Livro III, seria possível construir uma tipologia da ação política.

Os dois tipos extremos desta ação corresponderiam aos dois pontos extremos do processo traçado pelo segundo *Discurso*. Ao termo inicial, quando a instituição de um *corpo político* quase perfeito é ainda possível, corresponde à ação do Legislador propriamente dito, de Licurgo, Moisés, Numa. Ao termo final, quando já nada mais é possível fazer, corresponde a ação do Pedagogo. A ação se despolitiza, já não visa mais a cidade, mas um indivíduo isolado. Entre estes dois termos extremos, dois outros tipos poderiam ser distinguidos. De um lado, temos a figura do Legislador conselheiro, assessor técnico dos governantes. Seria o caso do próprio Rousseau, diante da Polônia ou da Córsega. De outro, o publicista ou o escritor político. Já não é mais aos governantes que ele se dirige, mas ao povo em geral ou ao público das grandes sociedades corrompidas.

*

Um povo livre é, pois, aquele em que o processo de corrupção dos costumes não atingiu o seu grau extremo de desenvolvimento. Em termos estritamente políticos, este grau extremo corresponde à usurpação do poder legislativo pelo poder executivo. Mas esta usurpação não é senão um dos aspectos do processo de corrupção, não é senão um *reflexo* no plano das estruturas jurídico-políticas do processo de corrupção que, em essência, é um processo moral. É o avanço inevitável da corrupção dos costumes, da gradativa transformação do amor de si em amor-próprio e da insensibilização dos cidadãos à voz da consciência, que comanda o processo. É ele que torna necessário um fortalecimento cada vez maior do poder executivo, o que oferece as condições para que o magistrado leve a cabo a usurpação da soberania. A teoria de usurpação mostra assim por que vias se dá a morte do corpo político, mas não explica por que motivo, a partir do momento em que se verifica a usurpação, nada mais é possível fazer. Se nada mais é possível fazer, é porque o processo de corrupção é generalizado, envolvendo tanto aos governantes quanto aos governados, os quais se tornam igualmente incapazes de amar as leis, o que impossibilita definitivamente a ação do Legislador.

Em consequência, vemos como, mesmo da perspectiva do *Contrato*, o vigor ou a juventude de um povo não podem ser identificados com a presença, no povo dado, de um pacto social que reproduza exatamente as condições ideais, conferindo a todos os membros da associação o direito de participarem da soberania. Que um tal pacto exista não é uma das condições que tornam um povo apto à legislação. No resumo final dos três capítulos sobre o povo, Rousseau pergunta: "Qual povo é, pois, próprio para a legislação? Aquele que, achando-se já ligado por alguma união de origem, de interesse ou de convenção, ainda não carregou o verdadeiro jugo das leis..."[32]. Basta que o povo esteja *unido*, por uma das três formas enunciadas, para que seja possível erigir o edifício das leis. Pode ocorrer que a *união* seja defeituosa, não reproduzindo inteiramente os imperativos da lei natural. O que não basta, todavia, para caracterizar o povo como corrompido. Uma união defeituosa não é

32 *Id.*, *ibid.*, II, 10, p. 390.

incompatível com o predomínio, no povo considerado, de costumes sadios, ou ainda não corrompidos, podendo ser exigida pelas próprias condições *naturais* em que o povo se encontra, ou explicada pela vigência de *preconceitos* que dão ao povo critérios falsos para julgar sobre quais os seus verdadeiros interesses. Em uma palavra, para julgarmos da *saúde* de um povo não basta referirmo-nos às leis que o organizam de uma determinada forma, ao conteúdo particular da *ordem* estabelecida, mas a eficácia ou não destas leis na sua relação com os costumes do povo, à sua maior ou menor capacidade de se fazerem respeitadas, ao vigor do "laço social".

CONCLUSÃO

Retornemos às *Considerações sobre o Governo da Polônia*. Vemos como, longe de contrariar a perspectiva teórica, o texto se constitui como aplicação sistemática dos princípios doutrinários do *Contrato*.

Uma expressão resume, no século XVIII, os problemas políticos da Polônia: anarquia. Todos os que deles se ocupam concordam em ver aí o mal essencial a combater, e falar na *anarquia* polonesa é um lugar-comum. Ao voltar sua atenção para a Polônia, Rousseau também vai se interrogar sobre a *anarquia*. No primeiro capítulo – *État de la Question* – formula seu diagnóstico, determinando o verdadeiro significado desta anarquia e pronunciando-se sobre a extensão do mal. Será que reside na *anarquia*, realmente, o defeito essencial da Polônia? Antes de responder a questão e indicar o caminho a seguir, Rousseau determina, porém, o alcance do seu trabalho. O capítulo se divide, assim, em duas partes. Na primeira, é fixado o alcance do projeto e, na segunda, formulado o *diagnóstico* e indicada a terapêutica.

É em respeito ao primeiro princípio do método do Legislador, de acordo com o qual as leis devem ser apropriadas à situação particular, que Rousseau traça os limites do seu trabalho. O homem que exigia "deuses" para "dar leis aos homens"[1] está consciente das suas limitações. Em primeiro lugar, a que provém da sua condição de estrangeiro. Não sendo polonês e desconhecendo o país, seu trabalho não pode ser o de um verdadeiro Legislador.

> "Se não se conhece a fundo a nação para a qual se trabalha – diz o Legislador da Polônia repetindo o teórico do Contrato – , a obra que faremos para ela, por mais excelente que possa ser em si mesma, pecará sempre pela aplicação e bem mais ainda quando se tratar de uma nação já inteiramente instituída, cujos gostos, costumes, preceitos e vícios estão muito enraizados para poderem ser facilmente abafados por sementes novas"[2].

Nação já instituída, a Polônia apresenta ao Legislador uma dificuldade suplementar, tornando sua ação mais complexa do que, por exemplo, a do Legislador da Córsega, que encontra como obstáculo apenas os *preconceitos* existentes[3]. Não se trata, assim, de apresentar um verdadeiro plano de reforma. Apenas, de apresentar *vues générales* destinadas ao esclarecimento do futuro instituidor. Mas não é apenas esta a limitação de Rousseau. Suas limitações mais pessoais não o permitem senão apresentar impressões a respeito do trabalho do conde Wielhorski.[4] Mesmo limitando o alcance do seu trabalho, Rousseau procura sublinhar, entretanto, sua absoluta fidelidade ao material incompleto que lhe foi fornecido. O parágrafo começa

1 *O.C.*, t. III, *Du contrat social*, II, 7, p. 381.
2 *O.C.*, t. III, *Considérations sur le gouvernement de la Pologne*, I, p. 953.
3 *O.C.*, t. III, *Projet de constitution pour la Corse*, p. 902.
4 O conde Wielhorski foi o emissário da nobreza polonesa junto a Rousseau. Cf. *O.C.*, t. III, *Considérations sur le gouvernement de la Pologne*, p. 953, nota 1.

pela referência a estes dados: "O quadro do governo da Polônia feito pelo senhor conde Wielhorski, e as reflexões que a respeito ele acrescentou, são peças instrutivas para quem quiser formar um plano regular para a reconstrução (*refonte*) deste governo". E termina da mesma maneira: "devo limitar-me [...] a dar conta das impressões que me fez a leitura do seu trabalho (do conde Wielhorski) e das reflexões que sugeriu"[5].

Em seguida, o diagnóstico. De acordo com o *sentimento comum*, a constituição polonesa deve ser radicalmente transformada, já que é responsável por um estado de anarquia crônica. O mal essencial seria a anarquia e o meio capaz de removê-lo seria a reforma da constituição. Rousseau define sua posição opondo-se ao *sentimento comum* pela contestação seja do diagnóstico formulado, seja da terapia proposta. E o faz em dois níveis diferentes.

Colocando-se primeiramente do ponto de vista do adversário, não contesta o *jurisdicismo* que lhe serve de base e de acordo com o qual bastaria estabelecer boas leis para que o Estado fosse bem governado. O conselheiro dos poloneses, neste primeiro momento, limita-se a considerar as leis em si mesmas. Negando o diagnóstico – isto é, afirmando que as leis polonesas não são essencialmente más – ele contesta, assim, a necessidade de uma reforma radical. Até aí sua argumentação tem, entretanto, apenas um valor *ad hominem*. Em seguida, ele se coloca de um ponto de vista sistemático para contestar que uma solução para os problemas poloneses possa vir como consequência apenas de uma reforma da sua legislação. Indica, então, qual é o problema essencial e, finalmente, mostra aos poloneses qual o caminho que devem seguir para resolvê-lo. Estabelece, assim, duas coisas: 1) a reforma das leis não deve ser radical porque elas não são tão más como se pretende; 2) não é apenas

5 *Id., ibid.*, p. 954.

reformando em parte estas leis que se poderá resolver os problemas poloneses, uma vez que a sua causa não está na deficiência das leis, mas no seu abuso: os abusos é que devem ser atacados e o meio para fazê-lo não é substituir as leis, mas colocar a lei acima dos homens.

Mas por que é que as leis não são essencialmente más? O critério a partir do qual é julgado um sistema de legislação é o da sua funcionalidade, como vimos. A função primordial que o governo e as leis são chamados a preencher é a da *conservação* do corpo político. Se o corpo político se conserva, fica demonstrada a bondade das instituições.

A Polônia apresenta uma situação paradoxal. De um lado, a constituição polonesa parece totalmente imprópria para preencher a função a que se destina. Entretanto, a função é preenchida, a Polônia *vive e se conserva em vigor*. A *anarquia* domina o *Estado*, corroendo-o por dentro. Mas a Polônia subsiste: "eis, segundo me parece, um dos mais singulares espetáculos que possam impressionar um ser pensante"[6]. O Estado é constituído de uma forma *bizarra*. Em primeiro lugar porque a maior parte dos seus membros é destituída de qualquer cidadania, é a parte *morta*. Esta parte morta – como Rousseau dirá expressamente no Capítulo 6 – é composta pelas duas *ordens* inferiores da nação polonesa, os burgueses e os camponeses. Apesar desta parte morta, o corpo *vive*. Além disso, o governo polonês, dada a maneira pela qual é constituído, não parece apto a preencher sua função. Formado por membros *desunidos* ele não a preenche, com efeito, dando origem a uma *anarquia* permanente. Entretanto, o corpo se conserva em *vigor*. Por outro lado, cercada por vizinhos poderosos, a Polônia vive sob ameaça constante de *agressão*. E, apesar disso tudo, ela *mostra ainda todo o fogo da juventude*.

6 *Id., ibid.*, p. 954.

Ora, se o Estado se conserva, isto significa que as leis não são tão más quanto se poderia pensar. Os defeitos que se podem constatar não são tão importantes como se julga. Não há dúvida de que há um estado de anarquia e mesmo uma *dissolução* periódica do corpo político. Mas estes defeitos não dizem respeito a não ser a um nível da realidade das instituições, ou seja, à sua estrutura. Em um nível mais profundo, o da eficácia das instituições, as coisas se passam de maneira diferente. Os defeitos de estrutura perturbam, evidentemente, o funcionamento do corpo político, havendo, por assim dizer, um subemprego de suas forças. Se não forem corrigidos, eles poderão mesmo conduzir o corpo político à sua ruína. A *anarquia* é, como sabemos, uma das *vias gerais* corrupção do corpo político apontadas pelo *Contrato*. A anarquia polonesa, entretanto, é ambivalente aos olhos de Rousseau. De um lado, ela é paralisante, mas, de outro, ela própria serviu de antídoto à ameaça de usurpação. Neste momento, entretanto, Rousseau não considera ainda estes defeitos por si mesmos, limitando-se a relacioná-los com o vigor do corpo político. Sua intenção, no momento, é a de mostrar a necessidade de ampliarmos a base do nosso juízo de valor a respeito das instituições polonesas, a tornar patente a insuficiência de um julgamento que recaia apenas sobre as leis sem considerar os efeitos a que elas conduziram.

A necessidade de ampliar a base do nosso julgamento, de nos colocarmos na verdadeira perspectiva em que deve ser julgado o problema das instituições, é reforçada pelo recurso a um exemplo que reproduz uma situação simetricamente oposta à da Polônia: "Vejo todos os Estados da Europa correrem em direção à sua ruína. Monarquias, Repúblicas, todas estas nações tão magnificamente instituídas, todos estes belos governos tão sabiamente ponderados, caídos em decrepitude, estão ameaçados de uma morte próxima

[...]"[7]. Ao quadro de deficiência das leis polonesas que contrastam com o vigor do corpo político opõe-se o espetáculo da excelência aparente das instituições políticas dos Estados europeus e da sua deficiência real, dada a sua incapacidade de impedir a marcha destes Estados para a ruína. A constituição polonesa resiste, assim, ao critério da *funcionalidade*, ao contrário do que acontece com as outras. Seus defeitos são secundários e ela deve ser julgada como essencialmente boa. Apesar dos defeitos, ela conseguiu manter viva a nação polonesa durante um longo período e resistindo a numerosos obstáculos, como a agressão dos seus vizinhos, etc.

A nação polonesa se mantém ainda viva. A corrupção dos costumes ainda não é total e a força das leis é ainda superior a dos vícios. O resultado da medida e da comparação destas duas quantidades revela-se positivo. Mas como podemos saber qual é a força das leis polonesas? O que é que nos permite afirmar que o Estado polonês subsiste ainda e está ainda na sua juventude? A durabilidade do Estado não parece suficiente. Pois o Estado poderia subsistir apenas por uma *forma ilusória e vã*. É da consideração dos costumes, como vimos, que poderemos concluir acerca da menor ou maior corrupção do Estado. E do estado dos costumes temos dois indícios seguros, que Rousseau indica explicitamente. Em primeiro lugar, o patriotismo dos nobres poloneses ou, pelo menos, dos confederados, traduz-se pelo fato de que eles ousam *pedir um governo e leis* e, em segundo lugar, pela sua conduta diante dos agressores estrangeiros.

O juízo sobre o governo da Polônia, que começava aparentemente com um requisitório contra as instituições, transforma-se numa apologia das leis estabelecidas e termina com uma advertência relativamente à reforma destas leis:

7 *Id.*, *ibid.*, p. 954.

> "Bravos poloneses: tomai cuidado; tomai cuidado para que, por querer muito bem ser, não torneis pior vossa situação. Sonhando com aquilo que quereis adquirir, não esqueçais daquilo que podeis perder. Corrigi, se possível, os abusos de vossa constituição; mas não desprezeis aquela que vos fez o que sois"[8].

*

Se o que define essencialmente o corpo político é a união entre os seus membros e se, por conseguinte, a função primordial do Legislador é a de promover esta união; se, por outro lado, tal função só pode ser levada a bom termo assumindo o caráter de uma ação persuasiva capaz de alterar os próprios princípios do comportamento humano e se, enfim, a própria elaboração do sistema de legislação está subordinada a este objetivo persuasivo, compreende-se, então, perfeitamente, por que o Legislador da Polônia não faz da alteração da Constituição o ponto fundamental da reforma. Uma simples alteração das leis do Estado não seria, com efeito, suficiente para conduzir aos objetivos desejados, assim como não é a simples presença de leis defeituosas que explica todos os males do país.

As leis polonesas não são, com efeito, boas. Além de contrariarem a lei natural, excluindo da soberania a maior parte da população, elas favorecem um estado de anarquia. Entretanto, a raiz dos males da Polônia acha-se alhures. Encontra-se nos abusos que os homens fazem das leis. Se é verdade que favorecem a anarquia, não é menos certo que efetivamente nada mais são do que simples causas ocasionais. Abandonando-se a uma inclinação *natural*, os magistrados servem-se da força pública para satisfazer interesses particulares, ao invés de colocá-la a serviço do interesse geral. Se as

8 *Id.*, *ibid.*, p. 954.

leis são más é porque servem de ponto de apoio para esta inclinação natural, como estimulante para os abusos. Sem estes, entretanto, não haveria um estado de anarquia, residindo neles e nas suas causas o mal essencial a combater. A simples substituição das leis por outras melhores, ao contrário do que pensa, entre outros, Mably, não constitui remédio eficiente. Se os abusos não são atacados diretamente, a mudança das leis será inócua. Um sistema de legislação, por mais perfeito que seja, não traz por si mesmo um remédio para a violação das leis. E é o que Rousseau assinala logo de início: "Que seja fácil, se quiserem, fazer melhores leis. É impossível fazê-las tais que delas não abusem as paixões dos homens, como abusaram das primeiras"[9]. Para resolver o problema é preciso atacar o mal em sua raiz e o objetivo central deve ser o de colocar as leis acima dos homens. Mas como fazê-lo, se o próprio Rousseau identifica o problema com o da *quadratura do círculo*? Como tornar as leis invioláveis? Como afastar definitivamente a possibilidade dos abusos? Para que os particulares não violem as leis é necessário que a força legislativa vá até ao seu *coração*. Em suma, é necessário que os particulares amem as leis, tal como o exigia a *Carta a d'Alembert*. É necessário agir sobre os *costumes* do povo para comandar as suas paixões e impedir o desenvolvimento do *amor-próprio*, que se acha na origem de todos os abusos, já que é esta paixão que nos leva a preferir, a tudo, a satisfação dos nossos interesses particulares.

E para chegar aos *corações* não basta utilizar a força pública, o poder de constrangimento de que o governo dispõe. O constrangimento é insuficiente, os resultados a que conduz são precários: serve para punir os *celerados*, mas não pode impedir a *corrupção de um povo*. O uso da força nada pode contra os crimes futuros, bastando para deter provisoriamente o mal, sem destruir suas causas

9 *Id.*, *ibid.*, p. 955.

verdadeiras. Se nos contentamos com as punições não criamos as condições para o respeito efetivo às leis, já que *a má intenção dá sempre luzes suficientes para ensinar a violá-las.* Quaisquer que sejam as precauções que tomemos – acrescenta a *Economia Política* – "aquele que não espera senão a impunidade para fazer mal, não deixa de encontrar um meio de eludir a lei ou de escapar à pena"[10]. Da mesma forma, as recompensas materiais são insuficientes para levar os indivíduos ao respeito da lei, dado o poder de corrupção do dinheiro: "O interesse corrompe as melhores ações. Aquele que não faz bem senão à força de dinheiro não espera senão ser melhor pago para fazer mal"[11]. Nem mesmo a equidade ou a *justiça* dos governantes é suficiente por si só para conduzir ao respeito das leis. Todos estes meios são suficientes apenas para conduzir os povos, não para *esclarecê-los*, segundo a distinção estabelecida pelo *Discurso sobre as Ciências e as Artes.*

Afastados todos estes meios inadequados, Rousseau aponta então o caminho a seguir. Trata-se de recorrer a *instituições* aparentemente *ociosas*, capazes de formar os costumes do povo, dando-lhe a capacidade de amar *as leis e a pátria.* Estas instituições *ociosas*, como ele mostrará a seguir, são, de um lado, os jogos e espetáculos públicos e, de outro, a educação pública.

Este primeiro capítulo abre assim um horizonte mais vasto aos olhos dos patriotas poloneses que batem às portas do autor do *Contrato* em busca de conselhos. O problema político polonês é revestido, desde o início, de uma dimensão mais ampla. Se os patriotas poloneses contavam recolher apenas diretrizes relativas ao aperfeiçoamento das instituições de governo, é para uma transformação em *profundidade* da nação que são convocados. O diagnóstico dos

10 *O.C.*, t. III, *Discours sur l'économie politique*, p. 252.
11 *O.C.*, t. III, *De l'honneur et de la vertu*, Fragment 4, p. 503.

males poloneses nada mais faz do que estabelecer uma ordem de prioridades. O problema da forma do governo apresenta-se como menos importante do que o da ação formadora dos costumes do povo. Transformar o homem polonês, fazendo-o amar as leis e a pátria: eis o *objetivo estratégico* fundamental.

BIBLIOGRAFIA

1. Obras de Rousseau

Du Contrat Social, ou Principes du Droit Politique. Edição de Maurice Halbwachs. Paris: Aubier, 1943.

Essai sur l'Origine des Langues, où il est parlé de la Mélodie et de l'Imitation Musicale. Edição de Charles Porset. Bordeaux: Ducros, 1970.

The Political Writings of Jean Jacques Rousseau. Edição de C. E. Vaughan. New York: Cambridge University Press, 1915. 2 volumes.

Lettre à M. d'Alembert sur son Article Genève de l'Encyclopédie. Edição de Michel Launay. Paris: Garnier/Flammarion, 1967.

Œuvres Complètes de Jean-Jacques Rousseau. Edição de Bernard Gagnebin e Marcel Raymond. Paris: Gallimard/Pléiade, tomo I (1959); tomos II e III (1964); tomo IV (1969). [N. do R. T.: O quinto tomo, contendo o *Ensaio sobre a origem das línguas*, foi publicado em 1995.]

2. Obras sobre Rousseau

BRÉHIER, Émile. "Lectures Malebranchistes de Rousseau". *Revue Internationale de Philosophie*, v. 1, n. 1, 1938.

BURGELIN, Pierre. *La Philosophie de l'Existence de Jean-Jacques Rousseau*. Paris: P.U.F., 1952.

CASSIRER, Ernst. *The Question of Jean-Jacques Rousseau*. New York: Columbia University Press, 1954.

DERATHÉ, Robert. *Jean-Jacques Rousseau et la Science Politique de son Temps*. Paris: P.U.F., 1950.

DERRIDA, Jacques. *De la Grammatologie*. Paris: Minuit, 1967.

DURKHEIM, Émile. *Montesquieu et Rousseau: Précurseurs de la Sociologie*. Paris: M. Rivière, 1953.

EIGELDINGER, Marc. *Jean-Jacques Rousseau et la Réalité de l'Imaginaire*. Neuchâtel: À la Baconnière, 1962.

ENGELS, Friedrich. *Anti-Dühring*. Paris: Éd. Sociales, 1950.

GOLDSCHMIDT, Victor. *Anthropologie et Politique: Les Principes du Système de Rousseau.* Paris : J. Vrin, 1974.

GOUHIER, Henri. *Les Méditations Métaphysiques de Jean-Jacques Rousseau.* Paris: J. Vrin, 1970.

HEGEL, Georg W. F. *Principes de la Philosophie du Droit.* Trad. André Kaan. Paris: Gallimard, 1940.

LAUNAY, Michel. *Jean-Jacques Rousseau, Écrivain Politique (1712-1762).* Grenoble: A.C.E.R., 1971.

MARITAIN, Jacques. *Trois Réformateurs: Luther, Descartes, Rousseau.* Paris: Plon, 1925.

MAY, Georges. *Rousseau par lui-même.* Paris: Seuil, 1961.

MONTESQUIEU. *De l'Esprit des Lois.* Paris: Gallimard, 1951.

PRADO JR., Bento. "Lecture de Rousseau". *Discurso*, n. 3, 1971.

RAYMOND, Marcel. *La Politique de la Solitude: Essai sur J.-J. Rousseau.* Paris: Sirey, 1971.

STAROBINSKI, Jean. *Jean-Jacques Rousseau: La Transparence et l'Obstacle.* Paris: Plon, 1958.

______. *L'Œil Vivant I: Essai (Corneille, Racine, Rousseau, Stendhal).* Paris: Gallimard, 1961.

______. *L'Œil Vivant II: La Relation Critique.* Paris: Gallimard, 1970.

WEIL, Eric. "Jean-Jacques Rousseau et sa Politique". *Critique*, n. 56, 1952.

3. Obras coletivas

Jean-Jacques Rousseau. Neuchâtel: À la Baconnière; Université Ouvrière et Faculté de Lettres de l'Université de Genève, 1962.

Jean-Jacques Rousseau et son Œuvre: Problèmes et Recherches. Paris: Librairie C. Klincksieck, 1964.

Études sur le Contrat Social *de Jean-Jacques Rousseau.* Actes des Journées d'étude ténues à Dijon les 3, 4, 5 et 6 mai 1962.

Rousseau et la Philosophie Politique. Paris: P.U.F.; Institut International de Philosophie Politique, 1965.

Estudos em Homenagem a J. J. Rousseau. "Duzentos Anos de *Contrato Social*". São Paulo: F.G.V., 1962.

Cahiers pour l'Analyse, n. 8: "L'Impensé de Jean-Jacques Rousseau", 1967.